西夏经变画
艺术研究

王艳云 著

图书在版编目（CIP）数据

西夏经变画艺术研究/王艳云著. —上海：上海
古籍出版社，2019.5
ISBN 978－7－5325－9179－4

Ⅰ.①西… Ⅱ.①王… Ⅲ.①敦煌壁画-研究-西夏
Ⅳ.①K879.414

中国版本图书馆CIP数据核字（2019）第059133号

西夏经变画艺术研究

王艳云 著

上海古籍出版社出版发行

（上海瑞金二路272号 邮政编码200020）

（1）网址：www.guji.com.cn
（2）E-mail：guji1 @ guji.com.cn
（3）易文网网址：www.ewen.co

启东市人民印刷有限公司印刷

开本787×1092 1/16 印张14.25 插页8 字数278,000
2019年5月第1版 2019年5月第1次印刷
ISBN 978-7-5325-9179-4

K·2631 定价：68.00元
如有质量问题，请与承印公司联系

图 1-2-5 榆林窟第 3 窟
南壁的观无量寿经变

图 1-2-8 俄藏黑水城卷轴画
阿弥陀净土变

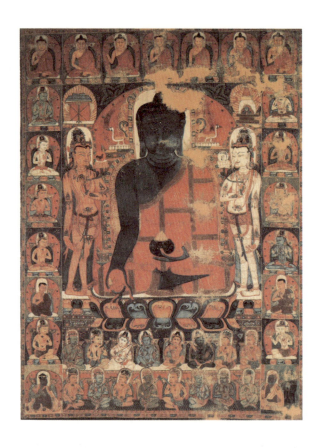

图 1-3-4　俄藏黑水城药师佛

图 2-2-4　榆林窟第 3 窟　普贤变

图 2-2-7　榆林窟第 29 窟　文殊变

图 3-2-3　东千佛洞第 2 窟　菩提树观音

图 3-2-4　俄藏黑水城缂丝绿度母

图 3-2-11　榆林第 3 窟　五十一面观音

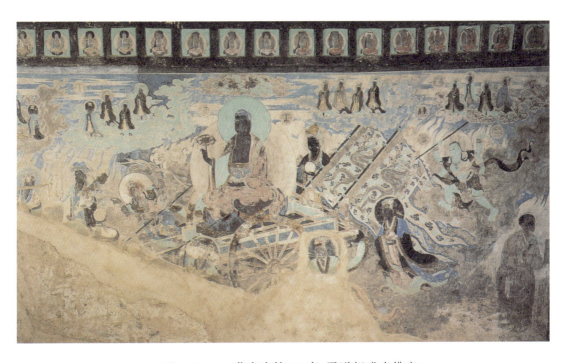

图 4-2-1　莫高窟第 61 窟　甬道炽盛光佛变

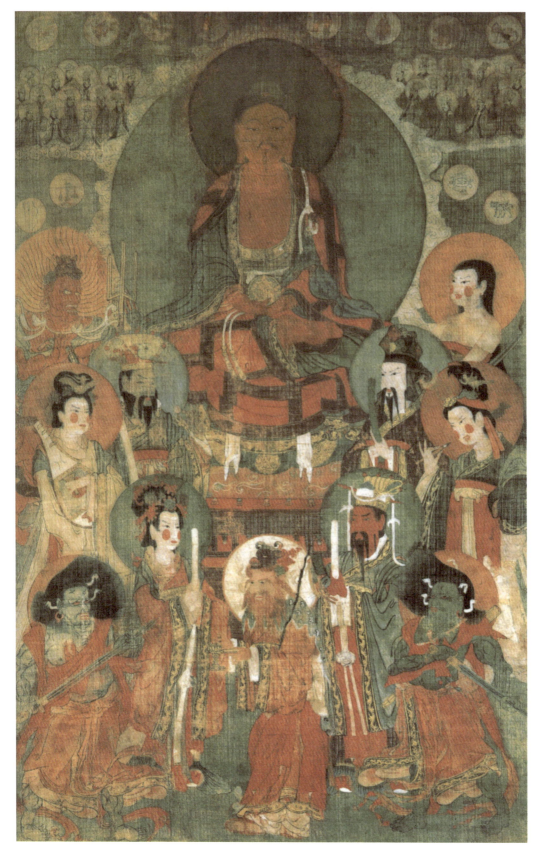

图 4-2-5　俄藏黑水城炽盛光佛变卷轴画

图 5-2-7　东千佛洞第 2 窟　涅槃变

图 8-1-8　文殊山弥勒上生圣经变

图 9-1-4 　 榆林第 3 窟
　　　　　　西夏文殊变局部

图 9-2-12 　 黑水城出土的卷轴画
　　　　　　西夏《持经观音》局部

图 10-1-5 榆林窟第 2 窟 水月观音

图 10-2-1 俄藏黑水城唐卡阿弥陀

目　录

上编：西夏经变图像溯源与整理

下编：西夏经变艺术形式与风貌

序

　　两汉之际佛教从印度传入中国，经过魏晋南北朝的发展，至隋唐达到鼎盛阶段，并衍生出内容迥异的各大宗派，五代宋以后又由盛转衰且日渐式微。纵观佛教在中国的整体发展过程，恰好与古代封建社会由上升转下坡的历史轨迹相一致。

　　当中原佛教开始衰落的时候，几乎与宋朝相始终的西夏，其佛教却在西北地区蓬勃发展起来。以党项为主体的西夏民族政权，在大力吸收中原汉地佛教的基础上，不仅延请西域回鹘僧人协助译经，还对吐蕃佛教兼收并蓄，使得新兴的藏传佛教在西夏腹地迅速传播，西夏佛教呈现出汉藏并举、显密共存的地域文化特征。且在与宋辽金的交往中，西夏又将新鲜的藏传与西域佛教血液输入到中原萎靡不振的佛教体系中，从而为中国佛教在后续的元明清历史进程中得以延续奠定了重要的基础。

　　西夏佛教兴盛发展的同时，也催生出多姿多彩的西夏佛教绘画艺术。石窟寺塔等遗存的绘画，特别是西夏中后期情节生动、场面较大的经变画，无论在敦煌莫高窟、安西榆林窟、东千佛洞还是肃北五个庙，甚至是黑水城，多显露出中原汉地风格与西域、吐蕃及外来风格的交汇和融合，给唐五代以后日趋单调、程式化的经变艺术带来了新的内容表达方式和神秘的异域情调，使得敦煌经变艺术在千年发展史的尾声阶段奏出华丽的乐章。可以说，西夏经变艺术是敦煌壁画乃至中国美术中，颇具时代特色的民族艺术之一。

　　但仍需看到，宗教存在和发展的根源是社会的动荡和民生的苦难。西夏党项政权在长达几个世纪的时间里，先后经历了长途跋涉的迁徙、安史之乱的动荡、藩镇割据的战乱，以及民族的压迫和统治，百姓饱受颠沛流离及战争灾荒等的痛苦。佛教关于人生无常、充满痛苦的思想与西夏人的遭遇诉求相吻合，因而在西夏经变中，无论文殊普贤变、净土变、炽盛光佛变还是涅槃变，其经变的绘制无不表达了社会大众希冀"除五逆之深殃，灭三涂之重苦"，"灭八十亿劫生死之罪，得八十亿劫微妙功德，死后往生西方净土"，"灭除八万种大不吉祥事"，实现佛教中超越生死，到达不生不死的至极境界。而统治者所做功德也是"伏愿一祖四宗，证内宫之宝位；崇考皇妣，登兜率之莲台。历数无疆，宫闱有庆"。因此，对西夏经变艺术的梳理和挖掘，不能单纯地停留在对绘画现象的解读和梳理，还应透过表层的图像，探索西夏与中原政治经济、宗教文化、艺术发展等对其所产生的深远影响。

《西夏经变画艺术研究》是王艳云在其2003年的博士论文《西夏七大经变画探析》的基础上，重新增补完善而成的。十年前，敦煌经变研究成果丰硕，但处于敦煌经变发展尾声阶段的西夏经变，一些研究虽有涉及，对西夏晚期经变个案如榆林窟的2、3和29窟的《文殊变》、《普贤变》等也给予了很高的评价，但就西夏经变专题及整体研究而言，还未有专人专文深入梳理。2000年始，当王艳云考入首都师范大学并跟随我攻读美术学博士时，考虑到她来自西夏故地的宁夏，我引导她从事西夏美术的研究。在她博士论文撰述期间，又邀请了时在中国社科院工作的西夏专家谢继胜研究员，对论文写作进行了指导。弹指一挥间，十多年过去了，期间敦煌经变及西夏美术研究都有了诸多新的进展。王艳云也在工作之余，持续关注敦煌经变研究动态，参与多届西夏学术会议，发表多篇相关研究论文，与此同时不断完善原论文书稿，并在原论文的基础上，补充了黑水城遗址及西夏故地宁夏贺兰的宏佛塔出土的绢本、纸本及木刻版画中的经变作品，对经变画与尊像画之间的关系，以及榆林窟、东千佛洞中的经变与黑水城经变之间艺术风格的联系等，都进行了适当的阐释和分析，成为该书的上编。除此之外，王艳云还将西夏经变艺术中的情节构图、民族形象、全景山水画及建筑界画，专门独立出来列为该书的下编。从经变研究的现状来看，《西夏经变画艺术研究》仍是敦煌经变断代研究的探索性著述，同时对西夏美术研究有着积极的推动意义。

不可否认，鉴于洞窟资料及个人研究条件所限，《西夏经变画艺术研究》的内容体系，在深度广度上仍有很大的拓展空间，期待作者及其相关研究，在未来的征程中百尺竿头更进一步。

李福顺

2017年7月20日

前　言

　　西夏曾屹立于中国的西北部，统辖范围一度囊括今甘肃大部、宁夏全部、陕西西北部以及青海、内蒙古的部分地区，是由羌（党项）、汉（宋人）、藏（吐蕃）、维（回鹘）、蒙（鞑靼）等民族组成，而以党项羌为主体的少数民族政权。公元1038年建国后的西夏，前期和北宋、辽对峙，后期又与南宋、金鼎立，直至1227年被成吉思汗的大军所灭，其历史前后跨越近两个世纪。

　　西夏尊佛重佛。在近二百年繁衍生息中，与之紧邻的宋朝、吐蕃、回鹘早已是佛教文化兴盛地区，西夏凭借自己地处中西、汉藏文化交流的特殊地理位置，陆续输入佛典、延揽高僧、凿建石窟寺院和扶持讲经说法，推动和促进了国内佛教迅速发展。由此西夏境内自上而下崇佛信佛的宗教氛围逐渐浓厚，俨然成了一个佛教的国度。随着西夏石窟的开凿与壁画的绘制，西夏佛教美术逐渐兴盛起来。现存西夏石窟壁画，多分布在敦煌莫高窟以及河西地区相对偏远的石窟内，整体上属于敦煌石窟群体系。佛教内容的纸帛绘画及版画等遗存，多来自西夏故地兴庆府周边及远在西北边境重镇的黑水城遗址等。

　　敦煌莫高窟的开凿自前秦开始，前后历经十一个时期，达千年的历史，敦煌的壁画绘制也随之绵延发展了近千年。敦煌壁画中的经变艺术也自北周开始，由早期的萌芽发展，到隋唐时期达到艺术的高峰，创作了许多鸿篇巨制的经变大画，为后来的五代、宋、西夏等朝代所借鉴和模仿。20世纪以来随着敦煌艺术研究的逐渐兴盛和壮大，敦煌壁画中的经变研究也蔚为壮观，目前经过二十多年的积累和发展，已形成相当大的规模。但在经变发展史的研究中，处于敦煌经变发展尾声阶段的西夏经变研究，因文献的湮没匮乏、石窟壁画的断缺零散，以及莫高窟西夏早期经变多为程式化的模仿，很难将其从唐后期及五代、宋类似风格中区分开来等原因，经变研究路过西夏者多，问津关注西夏的十分有限，多数是人云亦云点到为止。

　　作为敦煌经变发展尾声阶段的西夏经变画，其早期虽然模仿多创新少，但西夏统治中心的河西地区西夏榆林窟、东千佛洞，以及内蒙古额济纳旗的黑水城和西夏都城兴庆府等地区的西夏绘画艺术，受印度、尼泊尔及西藏地区的藏传佛教，和西域及周边其他少数民族佛教艺术的影响，开始改变对唐宋中原汉文化艺术亦步亦趋的模仿，其经变艺术无论石窟壁画、卷轴插图及木刻版画等，呈现出鲜明的多源性，并将中外、汉藏，地域和民族等诸多因素杂糅、整合与再创造，从而形成了鲜明的时代特征和民族特色，给敦煌五代宋以来日渐程式化的壁画创作，注入了新的生命和活力。

西夏经变续写了敦煌地区与内地中原在中外民族、汉藏地域、显密佛教艺术交流中的缺页和断章，显现出多元文化融合的风格特征。经变画中不但出现了北宋中原地区的新样式，也出现了许多藏传佛教，甚至是尼泊尔、印度的新题材。西夏时期的洞窟，在同一窟甚至同一壁面中会同时出现显、密佛教内容，甚至同时出现汉藏两种造型风格的人物形象。造型上线条飘动流畅的显教形象与色彩厚重、对比强烈的藏密绘画交相辉映，如榆林第3窟整个洞窟壁画是显密并存，且布局上交错相杂。其中南北两壁除中间均是汉传显教净土变，而其左右相夹的分别为藏密的曼荼罗，即五方佛曼荼罗、金刚界曼荼罗、观音曼荼罗和胎藏界曼荼罗。洞窟的东西两壁又分别是汉密的十一面千手观音、五十一面千手观音和汉显的文殊变、普贤变和维摩变，其中东壁两幅汉密的千手观音中又夹有两幅汉显的佛传故事画。汉地风格的显密题材的文殊变、普贤变和千手观音壁画，皆以线描勾勒为主，构图相对灵活自由，呈现出中原汉地绘画审美趣味和风貌。而源自藏密的各种曼荼罗，严格遵循仪轨绘制，受其限制和束缚，显现出鲜明的程式化倾向，且形象造型对色彩的依赖远胜于线条勾勒。这些不同渊源的佛教题材并没有造成洞窟内壁画风格的对峙和冲突，反而和谐统一。

西夏经变画内容也个性鲜明，突出表现在经变题材选择的实用性与功利性上。敦煌经变题材多达三十余种，西夏占半数以上，其中除了不同的历史发展阶段等客观因素外，从信仰内容来看应该是经过有意筛选的。如净土变中的西夏药师净土经变、弥勒净土经变和西方净土经变等，不仅数量多而且绘制精细，反衬出西夏民族在当时的历史条件下，对生老病死、社会动荡等问题的迷茫和困惑，但又苦于在现实中找不到出路，便将美好的理想和希望寄托在对虚无缥缈的净土世界的幻想中。此外，作为游牧民族，早期的党项民族对旱涝、地震和冰雹等自然灾害等无法解释，笃信给"国王大臣及诸眷属及一切庶民"带来家国分裂、宿世怨家谋害等无数"灾难"、"不吉祥事"和"诸恶横事"，是由各种星曜天神"凌逼"、"侵凌"诸宿造成的，故对炽盛光佛的崇拜达到了极致。西夏对文殊和普贤的信仰也十分兴盛，统治者不仅亲自参与，还在人力和物力上大力扶持。公元1196年夏仁宗皇后罗氏赞助印施的《大方广佛花严经普贤行愿品》发愿文祈盼"繇是偈书写，除五逆之深殃；四句诵持，灭三涂之重苦"。在这种背景下，西夏不仅在石窟壁画中绘制以上诸经变，还在绢帛纸等材料上大量表现，这些都无疑是西夏民族从统治者到百姓，其实际生活需求在经变艺术上的直接诉求，揭示出其鲜明的实用性与功利性。

西夏经变艺术大胆革新。与以往经变相比，西夏经变传统情节锐减，世俗神话道教内容有所增加。经变画是敦煌壁画中最主要的部分，不仅内容表现丰富，而且艺术手法完备精湛，是各类壁画题材集中、综合的表现形式。早期经变艺术在内容和形式的表现上，情节简单，形式单一，多数处于稚拙的图解经文式的发展阶段。进入隋唐时期，通壁式的大画使经变内容、情节逐渐丰富、生动和完善起来，艺术创作进入了自觉和自主的状态，出现了众多经典的鸿篇巨制。自晚唐至宋五代，社会动荡，战乱不断，因人力和物力的原因，统治阶级已无暇顾及和扶持佛教活动，所以这一时期敦煌的经变在基本延续原有风格的基础上，内容情节和篇幅开始有所简化和缩小。发展到西夏时期，这种简化的趋势更为明显，并从简化直接发展到对大量情节的删减，出现了数量众多且难以区别辨认的简略净土变，有的甚至近乎尊像画。此外，西夏晚期的经变画中，还融入了世俗故事、神话传说与道教人物形象等内容，这是以往经变画中少见的。如玄奘取经在西夏普贤经变等画面中共出现了八次，其数量之多、密度之大、题材之新，在敦煌历代的壁画中没有先例。经变中杂糅神话传说、世俗内容，使得高高在上的神灵获得了一种普通大众可与之的亲近性，这种倾向改变了佛教的初衷。在相互对立又依存的关系中，西夏以一少数民族的兼收并蓄、融会贯通的气度，超越佛教不同源流派系的束缚限制和宗教世俗的鸿沟界限，在传承发展中创造出新的活力。

西夏经变将装饰性的边角山水发展为全景水墨山水。敦煌壁画中，北魏始就已出现了山水画的雏形。发展到隋代，山水画逐渐形成一定的模式，成为画面故事的背景，或用作分割画面内容的手段，或为画面的点缀，且表现出一种鲜明的装饰性。盛唐出现了大量鸿篇巨制的经变大画，背景中的山水从象征性、装饰性日趋写实，青绿山水逐渐为水墨山水所替代。发展至西夏时期，经变中以往一直处于装饰、陪衬地位的边角山水，转变为画面主体背景中的全景山水。如榆林窟第3窟的《文殊变》和《普贤变》，这两幅经变中的山水画，改变了唐以前山水只作点缀配景的格局，将山水作为主体背景，整个画面还展现出高远、平远和深远的古代山水画透视法，将经变人物置于一个壮观、宏大与深邃、自然的山川环境中，予观者以身临其境的感觉。

西夏经变中的建筑界画成熟完善，并逐步发展成为经变表现的主体。隋唐五代和宋代净土经变中的建筑，往往还是经变净土世界中的组成部分之一，因时代的不同，或简或繁、或拙或精，都是为经变画面的主体人物——佛、菩萨和天众等作必要的场景布置和陪衬，而佛和菩萨高大的形体，超出了与周围建筑的客观比例。西夏的净土经变中的界画，一改唐宋以来的传统，突出和增大画面中的建筑实体，将净土世界中的人物比例缩小、人数减少，并将原先露天安置的佛和胁侍菩萨等主要人物，分别均匀地安排在大殿、楼阁和长廊中。建筑与人的比例得当，且建筑不再是陪衬，而是与人一样都成为画面的主体。为突出建筑，西夏经变中的界画还将建筑物的结构和部件，无一不清晰逼真地展现了出来，殿堂楼阁的铺作斗拱、檐角瓴瓦、曲栏台阶、门窗棂阁，皆以界尺作画，条垄规矩，用线精细分明。斗拱的穿插交错、起伏进退、凹凸错综的关系和特点，界笔直尺勾画交代得清清楚楚。因此有学者评价说："西夏运用中原自宋朝就兴盛发展起来的界画法来表现建筑，结构精确写实，绘工精微，作风严整，与山西高平县开化寺宋代壁画中的建筑界画相比，其界画的精细程度有过之无不及。"[1]

公元11世纪上半叶至14世纪上半叶长达三百多年的时间中，敦煌地区先后经历了回鹘、党项和蒙古民族势力的占据和统治时期。"虽然总体上说这一时间段正处于佛教艺术的衰微期，然而敦煌壁画艺术并未停滞不前，相反，它还在继续发展，而且散发出浓郁的、别具一格的民族特色和地方乡土气息，在壁画艺术的某些方面取得了前所未有的惊人成就，它在一个梦境般的神秘奥妙的发展高潮中结束。"[2]在此背景下，作为其中之一的西夏政权，在其近二百年的历史中，大胆吸收和融合不同地域文化艺术，并根据本民族审美喜好和需求，进行的大胆的整合和创新，使得近千年的敦煌经变画艺术，在西夏时期焕发出新的活力和闪耀的亮彩。虽说"夕阳无限好，只是近黄昏"，但位于敦煌艺术尾声阶段的西夏经变，在夕阳的余晖中变幻出漫天绚丽的晚霞。

---

[1] 刘玉权：《略论西夏壁画艺术》，《西夏文物》，文物出版社，1988年，第13页。
[2] 段文杰主编：《中国敦煌壁画全集（西夏、元）》，天津人民美术出版社，1996年，封二文字。

导　言

一

　　敦煌石窟包括今天敦煌莫高窟及周边的安西榆林窟、东千佛洞、肃北五个庙、文殊山、旱峡等石窟。敦煌石窟自前秦建元二年（366）开凿（另有西晋末年及东晋永和九年等说），后经北凉、北魏、西魏、北周、隋、唐、五代、宋、回鹘、西夏、元等时代连续修凿，历时千余年。现存石窟700余个，雕塑3 000余身，壁画4 500余平方米，是当前世界上规模最大、延续时间最长的佛教艺术宝库。

　　敦煌石窟艺术遗存中数量最大、内容最丰富的是壁画。根据其表现内容与形式，20世纪敦煌学者曾对其进行了分类，如50年代常书鸿先生将敦煌壁画分为六大类：即经变、故事、曼荼罗、佛像、供养人和图案。[1]80年代段文杰先生又将敦煌壁画作品分为尊像画、经变画、故事画、佛教事迹画、神怪画、供养人像、装饰图案七大类等。[2]从目前学界研究中的相关分类和称谓来看，以上划分都有传承，且在此基础上，又细分出"说法图"、"本生故事画"、"因缘故事画"等。

二

　　魏晋至隋唐，为了使深奥的佛教义理为普通社会大众所理解，逐渐出现了佛经通俗化的表现形式，即变文与变相。变文是将深奥的佛经以通俗浅显的语言文字表述出来；变相是以图像的形式展现佛经的内容，有时又称作"经变相"、"经变"或"变"等，当前学界研究采用"经变"的居多。经变有狭义和广义之分。狭义的经变是根据某一部佛经或数部内容相近的佛经，通过绘、塑或绘塑结合的方式而完成的图像作品。广义的经变，只要将某一经文以图像的形式表现出来，即为经变。也就是说其既包括狭义的经变

[1] 王惠民：《敦煌经变画的研究成果与研究方法》，《敦煌学辑刊》2004年第2期。
[2] 《敦煌壁画概述》，《中国美术全集》绘画编14卷"敦煌壁画"上卷，上海人民美术出版社，1985年。

部分，也包括一些"画面主体造像简单明了的新样文殊、各类天王变相、地藏十王变、千佛变等"。[1]又因经变主要有绘、塑或绘塑结合三种表现形式，本书研究对象则主要集中在经变壁画、绢画和版画方面，因而本书书名采用"经变画"以明类别和主旨。但在正文中，根据当前学界研究中的不同称谓，还兼有"经变"或"变"等不同表述。

　　壁画经变大约最早出现在魏晋南北朝时期，如绘于新疆克孜尔石窟、敦煌莫高窟和甘肃麦积山等石窟内的《睒子经变》等壁画。[2]史书中也记载了南北朝时期寺院经变的绘制情况，"及大同中，出旧塔舍利，敕市寺侧数百家宅地，以广寺域，造诸堂殿并瑞像周回阁等，穷于轮奂焉。其图诸经变，并吴人张繇运手。繇，丹青之工，一时冠绝"。[3]唐代张彦远的《历代名画记》卷六中也记载了南朝宋时袁倩"又《维摩诘变》一卷，百有余事，运思高妙，六法备呈，置位无差，若神灵感会，精光指顾，得瞻仰威容。前使顾、陆知惭，后得张、阎骇叹"。[4]该书卷七还提到张僧繇子儒童"中品上。《释迦会图》、《宝积经变》，传于代"。[5]

　　发展至隋代，各种经变逐渐成形，且法华变、药师变、维摩变、弥勒变、涅槃变等日益增多。至唐代经变艺术蔚为壮观，仅张彦远《历代名画记》中，就记载众多当时在长安与洛阳寺院绘制过经变的画家，包括吴道子、杨庭光、张孝师、卢稜伽、尹琳、姚景、杨契丹、陈静眼、李生、董谔、赵武端、武静藏与程逊等人，且绘制的经变壁画类型有19种之多，如：上都长安净土院"西廊菩提院，吴画维摩诘行变"。慈恩寺"殿内杨庭光画经变"，"塔之东南，中门外偏，张孝师画地狱变"。龙兴观"殿内东壁吴画明真经变"。光宅寺"北壁东西偏，尉迟画降魔等变。殿内吴生、杨廷光画，又尹琳画西方变"。资圣寺"大三门东南壁，姚景画经变。寺西门直西院外神及院内经变，杨廷光画"。宝刹寺"佛殿南，杨契丹画涅槃等变相，西廊陈静眼画地狱变"。净土院"院内次北廊向东塔院内西壁，吴画金刚变……次南廊吴画金刚经变及郗后等……小殿内吴画神菩萨帝释，西壁西方变，亦吴画。东南角吴弟子李生画金光明经变"。菩提寺"（佛殿内）东壁董谔画本行经变"。安国寺"殿内维摩变，吴画。东北涅槃变，杨廷光画"。开元观"西廊院天尊殿前，龙虎君明真经变及西壁并杨廷光画"。云花寺"小佛殿，有赵武端画净土变"。西塔院"云花寺小佛殿，有赵武端画净土变"。化度寺"杨廷光、杨仙乔画本行经变。卢稜伽画地狱变"。懿德寺"三门下两壁神、中三门东西华严变，并妙"。净法寺"殿后，张孝师画地狱变"。褒义寺"佛殿西壁涅槃变，卢棱伽画、自题"。

[1] 沙武田：《敦煌画稿研究》，民族出版社，2006年，第190页。
[2] 谢生保：《从〈睒子经变〉看佛教艺术中的孝道思想》，《敦煌研究》2001年第2期。
[3] ［唐］姚思廉：《梁书》卷五四，中华书局，1973年，第550页。
[4] ［唐］张彦远：《历代名画记》卷六，《画学集成（六朝—元）》，河北美术出版社，2002年，第156页。
[5] ［唐］张彦远：《历代名画记》卷七，《画学集成（六朝—元）》，河北美术出版社，2002年，第163页。

永泰寺"东精舍，郑法士画灭度变相"。东都洛阳福先寺"三阶院，吴画地狱变，有病龙最妙"。天宫寺"三门，吴画除灾患变"。敬爱寺大殿内东西面壁画"法华太子变，西壁西方佛会，十六观及阎罗王变。西禅院北壁，华严变。……东西两壁西方弥勒变……禅院内西廊壁画，日藏月藏经变及报业差别变。东禅院殿内十轮变，东壁西方变……其日藏月藏经变有病龙，又妙于福先寺者。殿内则天真山亭院十论经变、华严经，并武静藏画"。昭成寺"香炉两头净土变、药师变，程逊画"等。

目前，隋唐京都这些蔚为壮观的寺庙壁画经变现已不存，唯有甘肃敦煌石窟群的壁画经变，无论在数量还是种类等方面，都得以较好的保存。仅莫高窟经变壁画就有三十三种之多，历时较长的有西方净土变、东方药师变、弥勒变、法华经变、维摩诘经变，其中数量最多的是东方药师变。[1]敦煌莫高窟经变壁画的绘制自北周开始，历经隋唐宋，直至西夏、元，历史跨越千余年。其中北周至隋是经变壁画萌芽和发展的初期，唐五代和宋是经变壁画发展的兴盛期，西夏、元是敦煌经变的尾声。

由于历史的原因，相当一部分的敦煌文物已流失到世界各地，敦煌研究也就成为国际显学。其中就敦煌经变研究而言，20世纪主要集中在中、日及欧美，且早期研究以中日两国为主，欧美学者对经变的关注始于20世纪的八九十年代。30年代末，国际敦煌学界最早对经变进行研究的，首推日本学者松本荣一，他根据英国斯坦因、法国伯希和与俄国鄂登堡从敦煌窃去的绢画、纸画、壁画残片，以及伯希和在莫高窟拍摄的图像资料等，撰著《敦煌画的研究》。书中对阿弥陀经变、观无量寿经变、药师经变、弥勒经变、法华经变、维摩诘经变、报恩经变、父母恩重经变、华严经变、牢度叉斗圣经变以及其他大量佛教美术作品，从图像学的角度做了详实的考释，为敦煌经变的研究奠定了良好的基础。但由于当时资料的局限性，且松本荣一本人也未曾至敦煌实地考察，其研究中对将近半数的敦煌经变题材并未涉及。40年代中期国立敦煌艺术研究所成立后，史苇湘等先生数十年如一日，最终将研究成果汇聚成《敦煌莫高窟内容总录》，书中还给绝大多数的经变定名。50年代末中央美院的金维诺先生就敦煌维摩变发表了相关研究论文。60年代初，敦煌文物研究所的部分青年学者开始着手敦煌经变画的专题研究，将敦煌经变题材界定为25种。60年代后期遭遇十年"文化大革命"，所有研究被迫中断。[2]

80年代以来敦煌研究队伍扩大，敦煌研究院组织人力物力重新对洞窟壁画实地调查研究，对每一种经变的时代、窟号、位置、表现形式等作了详细的记录和描述。随着这些一手图像资料及调查报告的发布、各类敦煌画册的出版，敦煌经变研究成果激增，

[1] 季羡林主编：《敦煌学大辞典》，上海辞书出版社，1998年，第82页。
[2] 敦煌研究院：《敦煌研究文集·敦煌石窟经变》，甘肃民族出版社，2000年，序言第3页。

其数量约占整个敦煌经变研究历史总数的2/3，成就蔚为壮观。最突出的表现是经变研究范围陆续拓展到以前未曾涉及的福田经变、金刚经变、梵网经变、金光明经变、思益经变、天请问经变、楞伽经变、佛顶尊胜陀罗尼经变、密严经变、孔雀明王经变、十轮经变等，敦煌经变题材从过去的二十多种，扩大至三十多种。除了经由众多个案的分析梳理，较完整地对经变时代发展作历史性的探讨外，还有些学者将研究视角投向与经变壁画相关的榜题[1]和壁画粉本[2]等，从而将经变研究置于宏观的历史文化等框架下分析，这是敦煌经变研究的新亮点。近些年经变画研究的视角更加开阔，艺术研究方面有经变的构图研究，如构图形式溯源、[3]构图中的对置、[4]构图理想模型；[5]经变建筑研究如建筑溯源、[6]建筑空间的群体组合；[7]经变中的山水背景及文人画因素；[8]以及经变画中的视阶、[9]情志、[10]意向[11]等。

　　需要指出的是，在日益活跃的敦煌经变研究中，经变研究的角度、题材和方法等方面，也存着一些明显的问题和不足。题材方面，不同题材研究多寡不均，有些热门经变的个案研究论文多达数十篇，如西方净土经变和药师经变等，其中不乏重复性的研究。有的经变却门庭冷落，发表的相关论文寥寥无几。且经变研究公式化、模式化倾向严重，缺乏相关内容的深入剖析，大多通过经文、变文考订图像的内容、判断图像的年代，以及讨论形式风格的演变问题。研究中缺乏相互联系和综合对比。[12]经变研究中侧重社会历史、宗教、文化、图像等的综合性研究居多，单纯从经变绘画艺术角度进行研究的相对少。此外，目前敦煌经变研究的跨代、单窟及单一题材研究方兴未艾，成果蔚为壮观，但断代研究不足，特别是西夏、元经变研究明显欠缺，且以往学界对西夏经变的整体研究及艺术探讨仍存在疏漏和偏颇，这将是本书著述和探讨的主要问题和内容所在。

---

[1] ［法］苏远鸣：《敦煌写本中的壁画题识集》，《敦煌学论文集》第2集，1981年。周绍良：《三卷关于变相图的榜题本事考释》，《九州学刊》1993年第2期。王惠民：《敦煌遗书中的药师经变榜题底稿校录》，《敦煌研究》1998年第4期。

[2] 沙武田：《S.P.83、P.3998〈金光明最胜王经变稿〉初探——敦煌壁画粉本系列研究之一》，《敦煌研究》1998年第4期。沙武田：《S.P.76〈维摩诘经变稿〉试析——敦煌壁画底稿研究之四》，《敦煌研究》2000年第4期。沙武田：《S.P.76〈观无量寿经变稿〉析——敦煌壁画底稿研究之五》，《敦煌研究》2001年第2期。

[3] 张建宇：《敦煌净土变与汉画传统》，《民族艺术》2014年第1期。

[4] 米德昉：《敦煌壁画西方净土变与药师净土变对置成因分析》，《敦煌研究》2013年第5期。

[5] 王治：《敦煌莫高窟中唐西方净土变理想模型的构成》，《故宫博物院院刊》2012年第4期。

[6] ［德］雷德侯：《净土变建筑的来源（摘要）》，《敦煌研究》1988年第2期。

[7] 庞颖：《唐代敦煌莫高窟净土宗经变画建筑空间的群体组合研究》，《科技信息》2010年第36期。

[8] 赵声良：《榆林窟第3窟壁画中的亭、草堂、园石》，《敦煌研究》2004年第1期。

[9] 王治：《莫高窟唐代西方净土变中的"视阶"呈现》，《中华文化画报》2013年第1期。

[10] 丛春雨：《论敦煌石窟艺术〈经变画〉中的情志因素与形象医学》，《甘肃中医学院学报》1990年第4期。

[11] 史忠平：《莫高窟唐代经变画中意向的心理解读》，《新疆艺术学院学报》2008年第1期。

[12] 王惠民：《敦煌经变画的研究成果与研究方法》，《敦煌学辑刊》2004年第2期。

三

　　1982年敦煌文物研究所编的《敦煌莫高窟内容总录》中，史苇湘先生在敦煌石窟中划出的西夏时期、包括西夏重修的洞窟有第6、16、27、29、30、37、38、69、70、78、81、83、84、87、88、97、140、142、151、164、165、169、206、207、223、224、229、233、234、239、245、246、252、263、265、281、291、306、307、308、309、310、324、325、326、327、328、330、339、344、345、347、348、349、350、351、352、353、354、356、363、365、366、367、368、382、388、389、395、399、400、408、409、415、418、420、432、437、450、460、464、491窟。[1]在其基础上，1993年修订完善后的《敦煌石窟内容总录》中，划分的莫高窟西夏洞窟包括西夏重修在内的有第6、27、29、30、37、38、39、50、51、55、65、69、70、78、81、83、84、87、88、117、136、142、147、148、151、153、154、164、185、199、206、223、224、229、233、235、237、238、239、241、244、246、252、263、265、276、281、291、306、307、308、309、310、313、314、323、324、325、326、327、328、330、339、344、345、347、348、349、350、351、352、353、354、355、356、358、363、367、382、383、388、389、395、399、400、408、415、418、419、420、422、423、445、450、458、460、464、491窟。其中去除了1982年版中的第16、97、140、165、169、207、234、245、365、366、368、409、432、437窟，增加了第39、50、51、55、65、117、136、147、148、154、185、199、207、235、237、238、241、244、276、313、314、323、355、358、383、419、422、423、445、458窟。

　　1982年、1987年和1998年敦煌研究院的刘玉权先生也分别对敦煌西夏石窟进行了前后三次的划分和调整，其中1998年的第三次与前两次划分的不同，主要表现在不仅将西夏洞窟分为前后两个时期，个别洞窟的归属进行了调整，还增补了西千佛洞、五个庙等石窟的西夏洞窟，其中西夏前期有65个洞窟，分别是：莫高窟6、16、27、30、34、35、38、65、70、78、81、83、84、87、88、140、151、164、165、169、223、224、233、234、252、263、265、281、291、326、327、328、344、345、347、348、350、351、352、353、354、355、365、366、367、368、376、378、382、400、408、420、430、432、450、460窟，榆林窟13、14、15、17、21、22、26窟。西夏后期有12个洞窟，如莫高窟206、395、491，榆林窟2、3、29窟，东千佛洞2、5窟，五个庙1、3、4窟。[2]

　　近些年来随着榜题、粉本、供养人画像以及装饰图案等研究的不断推进和深入，一

[1] 史苇湘：《关于〈敦煌莫高窟内容总录〉》，《敦煌石窟总录》，文物出版社，1996年，第227页。
[2] 刘玉权：《敦煌西夏洞窟分期再议》，《敦煌研究》1998年第3期。

些敦煌学者如霍熙亮、[1]关友惠、[2]谢继胜[3]和沙武田[4]等，在各自研究的基础上，就刘玉权先生的敦煌西夏石窟的划分也提出了不同意见。综合以上观点及最新研究成果，认为敦煌西夏时期的洞窟有：莫高窟第3、6、34、61、140、164、169、206、252、281、285、351、355、356、368、408、432、460、464、465、491窟、北77窟及第464、465窟；榆林窟第2、3、10、13、14、15、17、21、22、26、29窟；东千佛洞第2、4、5、7窟；五个庙第1、3、4窟。该划分把先前刘玉权先生划分中认为不属于西夏时期的删去，如"有的划分为西夏的洞窟，有可能是宋代的，如16、65、30窟……一些原定为元代的洞窟，现在越来越多的人认为有可能是西夏洞窟，讨论比较多的是3、464、465窟和61窟的甬道"。[5]本书经变研究以敦煌研究院1993年修订后的《敦煌石窟内容总录》中西夏石窟划分为依据，同时参考刘玉权先生及近些年后起学者的研究成果。

目前，敦煌西夏石窟中出现的经变有无量寿经变、阿弥陀经变、观无量寿经变、简略之净土变、东方药师经变、弥勒经变、维摩诘经变、如意轮观音经变、不空绢索观音经变、千手千眼观音经变、天请问经变、观音经变、千手千钵文殊经变、劳度叉斗圣经变、八塔变、炽盛光佛经变等。西夏经变约占敦煌经变题材总数的1/2以上，主要集中在敦煌莫高窟、安西榆林窟、东千佛洞、肃北五个庙、文殊山和旱峡等石窟内。其中莫高窟西夏经变：无量寿经变13铺、阿弥陀经变8铺、简略净土变43铺、东方药师经变7铺、如意轮观音经变2铺、不空绢索观音经变3铺、千手千眼观音经变2铺、观音经变3铺、千手千钵文殊经变2铺。[6]榆林窟西夏经变：净土变1铺、文殊变3铺、普贤变2铺、维摩诘变1铺、药师经变1铺、观无量寿经变1铺、天请问经变1铺、涅槃（图）变1铺。[7]东千佛洞西夏经变：净土变2铺、药师变2铺、文殊变1铺、普贤变1铺、涅槃变3铺、八塔变1铺。[8]肃北五个庙石窟西夏经变：净土经变2铺、文殊变2铺、普贤变2铺、弥勒经变2铺、药师经变1铺、涅槃经变1铺、炽盛光佛经变1铺、十一面千手观音经变2铺、维摩经变1铺、牢度叉斗圣变1铺、八塔变1铺。[9]文殊山万佛洞石窟西夏经变：净土变2铺、弥勒经变1铺。安西旱峡石窟西夏经变：文殊变1铺、普贤变1铺。[10]

[1] 霍熙亮：《莫高窟回鹘和西夏窟的新划分》，《1994年敦煌学国际学术研讨会论文提要》，敦煌研究院，第54页。
[2] 关友惠：《敦煌宋西夏石窟壁画装饰风格及其相关的问题》，《2004年石窟研究国际学术会议论文集》下册，上海古籍出版社，2006年，第1134页。
[3] 谢继胜：《关于敦煌第465窟断代的几个问题》，《中国藏学》2000年第3期。
[4] 沙武田：《敦煌西夏石窟分期研究之思考》，《西夏研究》2011年第2期。
[5] 王惠民：《敦煌西夏洞窟分期及存在的问题》，《西夏研究》2011年第1辑。
[6] 季羡林主编：《敦煌学大辞典》，上海辞书出版社，1998年，第81页，《敦煌莫高窟经变画统计表》。
[7] 霍熙亮：《榆林窟、西千佛洞内容总录》，《中国石窟·安西榆林窟》，文物出版社，1997年，第254页。
[8] 李国：《河西几处中小石窟述论》，《敦煌研究》1998年第3期；张宝玺：《安西东千佛洞壁画内容一览表》，载于《东千佛洞西夏石窟艺术》，《文物》1992年第2期。
[9] 王惠民：《肃北五个庙石窟内容总录》，《敦煌研究》1994年第1期，第130页。
[10]李春元：《安西旱峡石窟》，《敦煌研究》1996年第2期。

　　以往的敦煌经变研究中，涉及西夏经变的综合研究相对较多，经变题材、经变艺术专题研究有限，主要集中在几个代表性的石窟和几幅代表性的经变中，如榆林第3窟中的千手观音经变、文殊变和普贤变，以及经变中出现的生产工具图、乐器图、酿酒图等。其中涉及西夏经变艺术的单篇研究有：万庚育《莫高窟、安西榆林窟的西夏艺术》，[1] 其中有对榆林窟第3窟的千手千眼观音经变、文殊变和普贤变的研究。刘玉权的《略论西夏壁画艺术》，[2] 对西夏壁画及经变从艺术和技法方面进行全面的分析，认为西夏壁画"远宗唐法，近承宋风；气宇虽小，情味虽少，而妙能自创，俨然成一家"。指出西夏的佛教艺术经历了继承、变化、发展三个时期，西夏壁画早期模仿继承北宋，中期吸收回鹘佛教壁画艺术，晚期受来自西藏佛教绘画艺术的影响，逐渐形成了本民族的风格特点，对元代有一定的影响。段文杰的《榆林窟党项蒙古政权时期的壁画艺术》[3] 认为与敦煌莫高窟的壁画风格不同，榆林窟西夏壁画应属一个独立的体系，其在内容上"显密同在，汉藏并存"，绘画技法上呈现出中原、回鹘、西藏交融杂糅的三种画风，给衰落中的敦煌壁画艺术注入了新鲜的血液和动力。牛达生的《西夏石窟艺术浅述》，[4] 对莫高窟、榆林窟和东千佛洞中的西夏洞窟，从洞窟形制、造像风格和壁画艺术三部分作了概要性的介绍。此外，结合新的文物考古成就，又对内蒙古鄂托克旗百眼窑、宁夏山嘴沟、景泰五佛寺等西夏石窟进行了介绍，扩大了西夏石窟壁画艺术的研究范围。张宝玺《东千佛洞西夏石窟艺术》指出第2、5、7窟中纷至沓来的西夏涅槃图及说法图是东千佛洞壁画的代表作。[5] 张元林《从阿弥陀来迎图看西夏的往生信仰》对西夏壁画、绢画中的阿弥陀信仰等进行了探讨。[6] 王晓玲的硕士论文《西夏晚期石窟壁画艺术特色探析——以榆林窟二窟、三窟、二十九窟、东千佛洞二窟为例》[7] 认为，西夏晚期壁画既是对汉传佛教的继承，又蕴含藏传佛教的因素，更凸显了党项族审美的特征。涉及西夏经变题材的研究有：罗华庆《敦煌壁画中的〈东方药师净土变〉》，[8] 对敦煌壁画中西夏时期《东方药师净土变》艺术特点进行了研究，指出此时期《药师经变》在构成形式上基本上继承了前代的格局，但也出现了一些与当时流行的曼荼罗构图形式相近的《药师经变》；并对不同于莫高窟西夏时期《药师经变》的肃北五个庙石窟第3窟中的《药师经变》作了简单描述，认为此经变人物造型准确细腻，线描豪放，刚劲流畅，形成

[1] 敦煌文物研究所编：《敦煌研究文集》，甘肃人民出版社，1982年，第319页。

[2] 《西夏文物》，文物出版社，1988年，第9页。

[3] 《敦煌研究》1989年第4期。

[4] 《宁夏社会科学》2007年第2期，第90—98页。

[5] 《1983年全国敦煌学术讨论会集文·石窟艺术编》，《文物》1992年第2期，甘肃人民出版社，1985年。

[6] 《敦煌研究》1996年第3期。

[7] 西北师范大学2007年硕士学位论文。

[8] 《敦煌研究》1989年第2期，第5—18页。

了一种新的风格。敦煌西夏药师佛个案研究还有笔者的《西夏壁画中的药师经变与药师佛形象》、[1]霍永军的《西夏壁画药师佛像的出现与造像特点》[2]等。彭金章《敦煌石窟十一面观音经变研究——敦煌密教经变研究之四》[3]指出,西夏有5幅此类图像,并对姿势、十一面面相及其排列,十一面观音的臂数及手中所持法器、宝物和所结手印,眷属和主尊是否面向西方等问题进行了探究。刘玉权《榆林窟第3窟〈千手观音〉研究》,[4]重点对榆林窟第3窟的千手观音图从画面内容布局、表现技法和艺术风格等方面进行了研究,认为该图像所绘的西夏社会的生产工具、劳动状况、商旅生活等等特写画面,对西夏史研究来说,是极其珍贵的资料。郑汝中《榆林第3窟千手观音经变乐器图》,[5]介绍了观音经变的起源、在中国的发展,并指出此幅画与一般经变画不同之处,即此画所描绘的是社会生活的场景。同时归纳和介绍了本幅乐器图的特点和几种独特的乐器。同一研究角度的还有刘文荣的《瓜州东千佛洞重复第7窟"涅槃变"中乐器图像的音乐考察》。[6]涉及经变艺术专题研究的有:赵声良《榆林窟第三窟山水画初探》,[7]对此窟的山水画作了全景描述;并从山势构成、树法和小景图等方面,探讨了两宋画院画风对边远地区石窟绘画的影响。李月伯《从榆林窟第3窟文殊变普贤变看中原文人画对敦煌壁画的影响》,[8]结合中国绘画发展史,对榆林窟第3窟的文殊变和普贤变两幅经变画进行了研究;并将两幅经变画与中原山水画的代表作进行对比,认为两幅经变画的表现手法是基于六朝以来中原文人以线条表现释道人物的白描法,以及两宋以纸绢为底本的卷轴水墨山水画技法。罗延焱《安西榆林窟第3窟壁画艺术初探》[9]和《安西榆林窟第三窟壁画的渊源与形成》,[10]对榆林窟第3窟壁画的内容特征、艺术风格及壁画的渊源与形成作了探讨,认为此窟壁画不仅有无可取代的艺术性,更包含了深厚的宗教文化;同时将写实与装饰相结合、具体与抽象相调和、象征与寓意相统一,展现了其自身文化与其他优秀文化相融合的艺术风格。类似角度的研究还有卯芳的《榆林窟〈文殊变〉、〈普贤变〉绘画艺术探赜》[11]等。

[1]《宁夏大学学报(人文社会科学版)》2003年第1期。
[2]《读者欣赏(理论版)》2011年第1期。
[3]　敦煌研究院编:《段文杰敦煌研究五十年纪念文集》,世界图书出版公司,1996年,第72–86页。
[4]《敦煌研究》1987年第4期,第13–18页。
[5]《敦煌学国际研讨会文集》,辽宁美术出版社,1990年,第273–287页。
[6]《西夏学》第11辑,2015年3月。
[7]《艺术史研究》第1辑,中山大学出版社,1999年,第363–380页。
[8]　敦煌研究院编:《榆林窟研究论文集》,上海辞书出版社,2011年,第701–707页。
[9]《美术向导》2011年第5期,第44–46页。
[10]《大舞台》2012年第5期,第257–258页。
[11]《西北美术》2011年第3期。

四

西夏建国前期，先后六次通过赎经的方式，向宋朝及周边各民族政权求取佛经。与此同时，也陆续在国内开始了译经活动。参与译经的有回鹘、党项、吐蕃、汉族等民族，在近半个世纪的时间内，翻译量相当于汉文大藏经的2/3。其中经藏中的宝积部、般若部、华严部、涅槃部、阿含部等几大部类佛经，在传世的西夏文佛经中都能找到，不少还是该部的主要经典。如宝积部的《佛说宝雨经》、《维摩诘经》、《维摩诘所说经》，华严部的主要经典《大方广佛华严经》、《佛说观弥勒菩萨上生兜率天经》、《佛说阿弥陀经》，涅槃部的《大般涅槃经》、《妙法莲华经》等。[1]西夏文译经中既有大乘经也有小乘佛经，既有显教经典也有密教经典，这样就为后来近一个半世纪的西夏中后期大量施放西夏文佛经，绘制汉藏风格的壁画和经变画，提供了重要的前提和依据。

经变虽然是佛教内容和题材，但其初始的目的是宣扬佛国净土的种种美妙与奢华，以吸引广大信徒拜佛礼佛。可无论怎样的描述和表现，终究是要在现实生活的内容中摄取形象，因此在某种程度上，经变画往往真实反映了当时的社会生活。再加上经变画的容量大，场面多，表现的内容又十分丰富，几乎包括了社会生活的方方面面，如西夏重要经变题材中的药师经变、弥勒经变和阿弥陀经变等，为后人保留了当时西夏的衣冠服饰、文字书法、建筑医药、音乐舞蹈、社会风俗等内容；炽盛光佛经变、涅槃经变等其他的一些经变图中，还表现了西夏民族当时对天文、酿酒、冶铁等科技知识的认识，这对研究我国古代民族史和科技史有着极其重要的史料价值。此外，西夏经变艺术研究既是敦煌艺术，也是西夏学研究的重要组成部分。较同一时期辽金等少数民族研究而言，当前西夏研究偏重于语言文字、历史、法律、地理、文书和军事等，涉及西夏艺术的专题研究非常有限。随着敦煌、黑水城及海外流失资料的逐步公布出版，以及西夏文物考古工作的进展，过去罕见的西夏艺术品，陆续被学界所发现。尤其是敦煌西夏石窟的重新划分及西夏壁画艺术研究的深入，无疑对填补西夏学的研究空白、扩大西夏学的研究领域，提供了新的拓展空间。

需要说明的是，目前"敦煌仅莫高窟就有三十余种题材的经变画，敦煌研究院对其中20余种已进行了专题研究，至于将全部经变画进行综合研究是一项规模和难度都很大的课题，有待于在专题研究的基础上再进行综合研究"。[2]西夏经变题材虽然占敦煌经变题材的一半之多，但西夏时期的莫高窟崖面石窟开凿已呈饱和状态，几乎无处可开新窟，现存的四十多个西夏洞窟大部分是对前代洞窟的改建、补修，不仅石窟的分布

---

[1] 史金波：《西夏佛教史略》，宁夏人民出版社，1988年，第87页。
[2] 敦煌研究院编：《敦煌研究文集·敦煌石窟经变篇（前言）》，甘肃民族出版社，2000年。

无规律，且莫高窟西夏壁画题材主要是千佛、简略形式的净土变、高大的供养菩萨和团花等。[1]后来西夏对敦煌一带的统治中心设在安西（瓜州），安西榆林窟、东千佛洞等河西地区的西夏壁画艺术传承了莫高窟的石窟艺术，集中展现了当时西夏融汉、藏、回鹘、吐蕃等各族文化与外来宗教艺术为一体，逐渐形成了自己的时代风貌。因此，本书的研究将敦煌石窟体系中的安西榆林窟、东千佛洞、文殊山万佛洞、肃北五个庙等石窟的西夏经变画作为重点的考察对象，通过对河西石窟的西夏经变与莫高窟经变进行比对和梳理，捕捉其艺术传承发展、兴衰嬗变的历史脉络。鉴于敦煌莫高窟还有纸帛经变画的遗存，因而将内蒙古额济纳旗出土的黑水城西夏纸帛经变及木刻插图等也纳入研究的范畴。此外，根据上述西夏石窟及壁画、纸帛经变的遗存数量、质量及艺术水准等，本书将西夏经变研究类型的具体范围限定为弥勒经变、阿弥陀经变、东方药师经变、文殊经变、普贤经变、观音经变、炽盛光佛经变和涅槃经变。西夏时期其余敦煌莫高窟及河西石窟中的经变如劳度叉斗圣变、千手钵文殊变、维摩诘经变等，因残毁漫漶、数量较少，尚缺乏进行深入研究的空间。总之，本书力争通过这些相对遗存较多、艺术成就较高、影响深远的经变研究，来展现西夏经变艺术的民族特点与时代特色。

敦煌学者谢稚柳先生曾说："自来论绘事，未有及西夏者。西夏当宋仁宗之世，离宋自立，西北万里坐拥200年。其画派远宗唐法，不入宋初人一笔，妙能自创，俨然成一家。画颇整饬，但气宇偏小，少情味耳。"[2]谢先生对敦煌莫高窟西夏绘画的传承、创新，及学界忽视西夏绘画研究的状况，都概括得非常中肯。但随着当前敦煌壁画艺术研究的不断发展，西夏中后期的民族艺术将密教内容引入壁画创作中，显现出中原、西域、印度、尼泊尔及波罗等多元艺术的杂糅风格，这些中外显密共存、地域民族共融的特质，为敦煌艺术注入了新的血液，打破了宋以来敦煌壁画艺术沉寂的气氛，为敦煌壁画及经变艺术发展的尾声画上了浓墨重彩的一笔。虽然短暂，但其耀眼的璀璨足以划破漫漫的夜空。

[1] 王惠民：《十年来敦煌石窟内容考证与研究》，《敦煌石窟内容总录》，文物出版社，1996年，第270页。
[2] 谢稚柳：《敦煌遗书叙录》，上海古籍出版社，1995年，第30页。

上　编

西夏经变图像
溯源与整理

第一章 西夏净土变

"净土"即佛国世界、清净国土、极乐世界，也就是清净功德所在的庄严处所。广义的净土是诸佛菩萨为度化一切众生，在因地发广大本愿力所成就者，因为有十方三世一切诸佛菩萨，也就有十方无量的净土。例如弥勒净土、弥陀净土、药师净土、华藏净土、维摩净土等。狭义的净土是指西方极乐净土。

东汉末年，净土经典开始传入我国，东晋及南北朝时经慧远、昙鸾等的弘扬，净土信仰迅速在社会上传播开来，发展至隋唐时期由道绰、善导正式创立净土宗。小乘佛教宣称一般人不能成佛，即使是修成"阿罗汉"，也不是一生一世所能达到的，最快还需经过"三生"才能解脱。大乘佛教宣称天地东西南北、四维上下皆有佛，且人人都有佛性，但需静坐专习，广研佛经，累世修行，才能成佛。而净土宗修行方式简单，宣扬念佛往生、快速成佛，声称只要信愿具正，"一心专念，乃至十念"以及"至心信乐"、"至心发愿"等，念佛一声，即可灭八十亿劫生死之罪，得八十亿劫微妙功德，死后往生西方净土。因此，净土宗以其简便易行的修持方法，打开了通往民间的大门，在中国民间广为流传。

净土经中描述的"西方净土"、"极乐世界"、"琉璃世界"、"极乐国土"和"安乐国土"等，是由金、银、琉璃、珊瑚、琥珀、砗磲、玛瑙七种宝物组成，净土世界没有四时交替，温度适宜。在金碧辉煌的琼楼玉宇里，主尊端坐中央，观音、势至二菩萨胁侍左右，诸天众眷属四周环绕，还有伎乐歌舞、珍禽瑞鸟赞佛娱佛。院内有七宝池与八功德水，当微风轻拂时，波动青莲，七宝香花如生五音，百千妙乐合奏其中。在殿宇的上空，漫天彩带飞扬，天乐不鼓自鸣，飞天自由翱翔，昼夜六时雨曼陀罗花。且"若善男子、善女子，闻说阿弥陀经，执持名号，若一日、若二日、若三日、若四日、若五日、若六日、若七日，一心不乱，其人临命终时，阿弥陀佛与诸圣众，现在其前，……即得往生阿弥陀佛极乐净土"。[1]凡往生西方极乐净土而未奏效者，只要听闻药师佛名号，

---

[1] 姚秦龟兹三藏法师鸠摩罗什译《佛说阿弥陀经》（卷第一），《大正新修大藏经》第12册No. 0366。

就有药师八大菩萨显现神通，前来指引，使其化生东方琉璃世界。[1]因净土世界如此幸福美好，净土信仰如此方便易行，自其创立后便吸引了社会各阶层百姓的普遍信仰。与此同时，净土思想也给艺术家提供了广阔的创作和想象的空间，使其在艺术的王国中自由驰骋，发挥无穷想象力和创作力，留下了众多的净土经变代表作，成为后世创作的不朽经典和取法范本。从而使得以净土思想为蓝本绘制的净土变，也成为敦煌三十余种经变题材中颇为重要的一种。

以净土经为蓝本绘制的净土变是西方净土变、东方净土变、弥勒净土变和十方净土变的统称，其中西方净土变又包括无量寿经变、阿弥陀经变和观无量寿经变，东方净土变即东方药师净土变，十方净土变即东、南、西、北、上、下、东南、东北、西南、西北这"十方"之净土变。净土变在敦煌三十余种经变题材中，不仅绘制的数量多，且持续时间长。敦煌莫高窟八百多幅的经变作品中，仅净土变一种就达四百多幅，占全部经变画数量的1/2。其中西方净土变有一百五十多幅，东方药师净土变九十多幅，弥勒净土变八十多幅，十方净土变一幅，不知名的简略净土变有六十多幅。敦煌莫高窟的净土变绘制，从北周开始一直持续到西夏，尤以药师净土变、弥勒净土变和西方净土变历时最久。以时代而论，分为隋代10铺，净土变唐代231铺（初唐23、盛唐43、中唐88、晚唐77铺），五代45铺，宋代43铺，西夏71铺。[2]

净土宗宣扬的极乐世界对西夏僧俗人众等具有强大的吸引力，不仅信仰净土宗的人，信仰其他宗派者也都向往净土，如天台宗、法相宗以及禅宗的一些信众也都希望能往生净土。[3]此外，西夏佛教发展到后期，外来经典已不能满足需要，西夏僧人就结合西夏生活习俗，根据自己的理解和认识，编撰适合本民族信仰特点的佛典来进行传教。成书于西夏晚期的天庆七年（1200）的《密咒圆因往生集》中近一半神咒通过诵咒可往生佛国净土，这显然是净土思想发展的结果。[4]在净土信仰的影响下，西夏净土变数量蔚为壮观。目前仅敦煌河西地区遗存净土变壁画的石窟，数量多达六十多窟以上。此外，黑水城出土的西夏绘画作品中，还有众多的汉式、藏式及融合汉藏艺术风格的卷轴作品，如阿弥陀经变、弥勒变、药师佛变等。

[1]《药师琉璃光如来本愿功德经》，《大正藏》卷一四，第401页。
[2]《敦煌莫高窟经变画统计表》，《敦煌学大辞典》，上海辞书出版社，1998年，第81页。
[3] 史金波：《西夏佛教史略》，宁夏人民出版社，1988年，第129页。
[4] 孙昌盛：《略论西夏的净土信仰》，《宁夏大学学报（哲学社会科学版）》1999年第2期。

西夏净土变统计表

（据《敦煌石窟内容总录》[1]和《敦煌莫高窟经变画统计表》[2]）

类型 　 题材	石 窟 壁 画					卷轴画版画
	莫高窟	榆林窟	东千佛洞	五个庙	文殊山	黑水城
无量寿经变	《敦煌莫高窟经变画统计表》为13铺					
观无量寿经变		3				
阿弥陀经净土变	88、136、142、151、164、224、235、306、351、400、418	3、29	2			
净土变	27、30、38、39、69、70、78、81、83、84、87、140、224、235、252、265、291、306、307、308、328、354、363、367、399、415、460	3	7	4		
弥勒净土变				1、3	万佛洞	
药师净土变	88、164、235、400、408、418	29	2	3		

　　需要指出的是，在佛教兴起发展的尼泊尔、印度及中亚等地，迄今为止还未发现净土信仰中的西方净土的相关资料。但中国早在公元2世纪的东汉就出现了西方净土经典的汉译本，且公元4、5世纪西方净土信仰在中国流行。[3]西方净土信仰之一的弥勒信仰曾盛行于西域，如新疆的克孜尔石窟中，绘制弥勒题材的洞窟十分普遍，特别是中心柱窟的壁画。在中原，弥勒信仰于南北朝时期达于极盛，隋唐之际开始逐步衰退，取而代之的是适应社会需要的弥陀信仰。西域的弥陀信仰经变却是在中原净土宗建立后，回传至西域各地的。[4]此外，当唐代西方净土信仰盛行，无量寿、阿弥陀佛造像无处不在，其他净土造像黯然无光时，药师佛图像却经常出入在西方净土以及三佛系列的行列中。[5]

[1]《部分壁画内容索引》，《敦煌石窟内容总录》附录一，文物出版社，1996年，第275页。
[2] 季羡林主编：《敦煌学大辞典》，上海辞书出版社，1998年，第81页。
[3] 王惠民：《敦煌西方净土信仰资料与净土图像研究史》，《敦煌研究》2001年第3期。
[4] 张敬全：《从西域净土信仰到中原净土宗的转变》，新疆师范大学2008年硕士学位论文，第2页。
[5] 白文：《关中唐代药师佛造像图像研究》，《陕西师范大学学报（哲学社会科学版）》2010年第2期。

第一节　西夏弥勒信仰与经变

"弥勒"是梵文Maitreya的音译，亦译作"梅怛利耶"、"每怛哩"、"弥帝隶"等，意译为"慈悲"。弥勒是继释迦牟尼之后于人间成佛的菩萨，是大乘佛教里的"未来佛"之一。据佛经，娑婆世界过去曾依次出现的佛陀有毗婆尸佛、尸弃佛、毗舍婆佛、拘楼孙佛、拘那含佛、迦叶佛六佛，释迦牟尼是第七佛，与前六者合称为"过去七佛"。释迦佛有一弟子名弥勒，先释迦入灭，将上生兜率天宫，在那里与诸天演说佛法，直到释迦灭度后五十六亿七千万年时，下生娑婆世界翅头城里一个叫修梵摩的大臣家中，先投胎为婆罗门子，后出家学道，说法诸事，一如释迦牟尼，成为第八佛，即未来佛，在华园林龙华树下三次说法，广度众生。广义上的弥勒净土包括弥勒上生世界和下生世界，狭义上的弥勒净土只是指弥勒下生时的世界。相对于其他净土而言，弥勒净土在中国出现的时间最早。

一、弥勒经典与敦煌弥勒经变

早在公元前1世纪的佛教经典《阿含经》中就已经出现了弥勒的相关记载，如《中阿含经》卷一三《说本经》："世尊叹弥勒曰。善哉，善哉，弥勒。汝发心极妙，谓领大众，所以者何，如汝作是念。世尊！我（弥勒）于未来久远人寿八万岁时，可得成佛，名弥勒如来。……佛复告曰。弥勒。汝于未来久远人寿八万岁时，当得作佛。名弥勒如来。"[1]《长阿含经》卷六《转轮圣王修行经》云："当于尔时，有佛出世，名为弥勒如来。"[2]《增一阿含经》卷一九云："尔时，弥勒菩萨至如来所，头面礼足，在一面坐。"[3]此外，汉末的《大乘方等要慧经》、《道行般若经》、《杂譬喻经》等经典中，也提及弥勒佛或弥勒菩萨等。弥勒经典的翻译始自西秦，如西晋竺法护译《弥勒成佛经》一卷、《弥勒菩萨所问本愿经》一卷，姚秦鸠摩罗什译《弥勒成佛经》一卷、《弥勒下生经》一卷，北魏菩提流支译《弥勒菩萨所问经》一卷、《弥勒菩萨所问经论》六七卷、《弥勒菩萨问八法会》一卷，隋吉藏著《弥勒经游意》一卷，唐憬兴《弥勒成佛经疏》一卷、《弥勒上生经疏》一卷、《弥勒下生经疏》一卷，宋守千集《弥勒上生经瑞应钞》二卷和《弥勒上生经瑞应钞科》一卷等。[4]

---

[1]《大正藏》第1册，第510页下。
[2]《大正藏》第1册，第41页下。
[3]《大正藏》第2册，第645页下。
[4] 童玮编：《二十二种大藏经通检》，中华书局，1997年，第162页。

弥勒上生经主要描绘了兜率天宫里众多鳞次栉比、庄严辉煌的宫殿。宫殿的楼阁间藏有种种珍奇异宝;又有华美的园林,园林中有八色琉璃渠,琉璃渠又是用五百亿宝珠合成;园林池中有无数的金光莲花,"花上又有二十四天女,身也微妙,如菩萨庄严身相",[1]如果有往生兜率,自然得此天女侍御。天宫中还有成千上万的兜率天子,他们身材高大,寿命极长,充分享受着五欲之乐……兜率天不仅是个美妙的天堂乐园,而且还是弥勒宣说佛法、度脱众生的佛国净土。信仰弥勒佛的人只要按法修行,死后可转生此处。"若有精勤修诸功德,威仪不缺,扫塔涂地,以众名香妙花供养,行众三昧,深入正受,读诵经典,如是等人应当至心,虽不断结,如得六通,应当系念佛形象,称弥勒名,如是等辈,若一念顷,受八戒斋,修诸净业,发弘誓愿,命终之后,如壮士屈申臂顷,即得往生兜率天宫,于莲花上结跏趺坐,百千天子作天伎乐、持天曼陀罗华等以散其上。"[2]此外,"若有得闻弥勒菩萨摩诃菩萨名者,闻已欢喜恭敬礼拜,此人命终如弹指顷即得往生,如前无异。但得闻是弥勒名者,命终亦不堕黑暗处边地邪见诸恶律仪,恒生正见眷属成就不谤三宝"。[3]特别是对那些业已犯错或做过坏事的人,也有补救的办法:"若善男子善女人,犯诸禁戒造众恶业,闻是菩萨大悲名字,五体投地诚心忏悔,是诸恶业速得清净。未来世中诸众生等,闻是菩萨大悲名称,造立形象香花衣服缯盖幢幡礼拜系念,此人命终时弥勒菩萨放眉间白毫大人相光,与诸天子雨曼陀罗花,此人须臾即得往生。"[4]凡生兜率天者,待未来弥勒降世人间成佛时,也随同下到人间受法,最后达到解脱。

对信仰弥勒的信徒来说,如果死后转生兜率天还有些遥远,那么在未来也有机会享受弥勒佛的恩泽,就是等待弥勒降生人间,那时人间处处是奇异的景象:"其地平净如琉璃镜,大适意华、悦可意华、极大香华、优昙钵华、大金叶华、七宝叶华、白银叶华华须柔软状如'天缯'。生'吉祥果',香味具足,软如'天绵'。丛林树华甘果美妙极大茂盛,过于帝释欢喜之园……城邑次比,鸡飞相及……智慧威德,五欲众聚,快乐安稳,亦无寒热风火等病,无九恼苦,寿命具足八万四千岁,无有中夭,人身悉长一十六丈,日日常受极妙安乐,游身禅定以为乐器……女人年五百岁而乃行嫁……"[5]"人将命终,自然行诣冢间而死。时世安乐无有怨贼劫窃之患,城邑聚落无闭门者,亦无衰恼水火刀兵及诸饥馑毒害之难。人常慈心恭敬和顺,调伏诸根。语言谦逊……而时阎浮地内常有好香,譬如香山。流水美好味甘除患,雨泽随时,谷稼滋茂,不生草秽,一种七

---

[1] 刘宋居士沮渠京声译:《佛说观弥勒菩萨上生兜率天经》,《大正藏》卷一四,第418-420页。
[2] 刘宋居士沮渠京声译:《佛说观弥勒菩萨上生兜率天经》,《大正藏》卷一四,第418-420页。
[3] 刘宋居士沮渠京声译:《佛说观弥勒菩萨上生兜率天经》,《大正藏》卷一四,第418-420页。
[4] 刘宋居士沮渠京声译:《佛说观弥勒菩萨上生兜率天经》,《大正藏》卷一四,第418-420页。
[5] 姚秦龟兹国三藏法师鸠摩罗什:《佛说弥勒下生成佛经》,《大正藏》卷一四,第454页。

收，用功甚少，所收甚多。食之香美气力充实。"[1]这样一个弥勒净土的美妙世界，对处于现实生活苦难面前的人们来说，是极具诱惑力的。正是这种诱惑，让当时的信徒、工匠和艺术家，以虔诚又精湛的技艺创造了众多的弥勒造像与经变绘画。

依据佛经创造出来的弥勒造像源起于古印度。其早期犍陀罗风格的造像基本为身着菩萨装，佩带璎珞、臂钏，左手上提一净水瓶。佛教传入中国后，弥勒因其未来佛的身份而逐渐受到崇拜，南北朝时期弥勒造像极为普遍，数量超过了释迦以外其他佛像，且远在西域的克孜尔、库木吐拉和中土的敦煌、云冈、龙门等地石窟都出现了弥勒造像。其中上生图像中的弥勒主要有交脚菩萨像和思惟菩萨像，下生像以倚坐佛像为主，而立像、结跏趺坐像较少。衣着方面有佩带璎珞臂钏的菩萨形象，也有身披袈裟的佛形象。敦煌石窟的遗存中几乎包含了所有弥勒形象，且占了弥勒经变中的绝大多数。[2]但弥勒净土信仰在唐中期开始走向衰落，内外因皆有。内因方面与将取其代之的弥陀净土相比，弥勒信仰在寿命、苦难、饮食、穿衣、生死、出生等方面显然存在巨大的劣势，具体表现如下表：

	弥勒上生的兜率天宫	弥勒下生的人间	阿弥陀佛国土
寿命	四千岁（人间五十六亿七千万年）	八万四千岁	无量无边阿僧祇劫
饮食	食自然生长的须陀味，体内自然转化为能，无大小便	香美稻种，一种七获，有大小便	所需饮食，随意即至，无大小便
穿衣	着劫波衣	树上长衣	随意而至
受苦	有三苦：死堕苦；二是陵蔑悚傈苦；三是斫截破坏残害驱摈苦	有三病：一有大小便；二者饮食；三者衰老	纯乐无苦，又称极乐世界
生死	无衰老，有生死轮回	有衰老，有生死轮回	无生死轮回
出生	化生或莲花化生	胎生	莲花化生

外因方面，弥勒下生信仰是与转轮王信仰密切联系在一起的，释迦牟尼在预言弥勒成为未来佛时告诉弟子阿难：当人间出现了转轮王时，弥勒就会下生成佛。因为弥勒信仰的广泛，以及弥勒佛为未来佛，自南北朝至隋唐宋，有许多民众起义和王权更替都以弥勒为旗号，从而使得统治者对其生存发展的态度和措施有了极大的变化。如唐7世纪末，武则天称弥勒下世，登基称帝。唐开元三年（715），唐玄宗颁发《禁断妖诈等敕》，

---

[1] 刘宋居士沮渠京声译：《佛说观弥勒菩萨上生兜率天经》，《大正藏》卷一四，第418—420页。
[2] 王惠民：《弥勒信仰与弥勒图像研究论著目录》，《敦煌学辑刊》2006年第4期。

明令禁止"假托弥勒下生"的名义从事各种蛊惑人心、扰民攘民之事。自此之后，弥勒信仰开始衰落。唐以后的弥勒信仰"沿着两个方向发展，其一是进一步民族化、世俗化，其标志是大肚弥勒的出现。其二是与道教、白莲教等相融合，成为民间教派宗教信仰的一部分"。[1]

　　弥勒经变依据《佛说观弥勒菩萨上生兜率天经》、《弥勒下生经》绘制，包括弥勒上生经变和下生经变两部分。敦煌弥勒经变的绘制始见于隋，迄于宋，共95铺（隋7、初唐6、盛唐14、中唐26、晚唐18、五代11、宋13）。其中代表作有：隋代第419窟，初唐第321窟、第329窟，盛唐第33窟、第148窟（图1-1-1）、第445窟，中唐第154窟、第169窟、榆林25窟，晚唐迄宋第15窟、第61窟、第196窟等。以往学界认为隋代出现的弥勒经变仅限于上生经的绘制，且多以单幅的形式绘于人字披或平顶，中央绘弥勒菩萨坐兜率天大殿，两侧有层楼，楼中有伎乐，弥勒及楼侧画天人和听法菩萨，构图比较简单。但后来有学者发现隋代第62窟北壁说法图西侧有禅僧、罗

图1-1-1　莫高窟第148窟弥勒上生经变图

[1] 张文良:《弥勒信仰述评》,《中国佛教学术论典》第22册,佛光山文教基金会,2001年,第560页。

刹等图像，经考证认为是弥勒下生的内容。初唐始，弥勒上生、下生多绘于一图，以下生为主，上生居于画面的上部，以云端或须弥山上的三院形式表现，三院两侧殿堂数座，以象征四十九重微妙宫；下生变位于图的中下部，以呈"︵"形的龙华三会为主体，其他情节穿插于其两侧空隙处，或主体图两侧增加的条幅上或下部增加的屏风上，这种形式容量大，所绘的情节多，延续到中唐五代以及宋朝。此外，还有为数不多的绘塑结合与四披式。在内容与形式上，隋代简洁明了，盛唐细腻并极尽铺陈，中唐布局严谨、绘画精致，晚唐迄宋，基本承袭初唐以后的格局，并逐渐程式化，间或有耕获图、婚礼图、老人入墓土图（图1-1-2）等一类生活气息浓厚、艺术效果较佳的小幅画面出现。

图1-1-2　榆林窟第25窟中唐弥勒变老人入墓图

二、河西石窟与黑水城西夏弥勒经变

由于历史的缘故，遗存的西夏弥勒信仰情况的文献材料匮乏，但从当前敦煌、银川及内蒙古额济纳旗黑水城等其他西夏故地，发现的大量夏汉佛经以及西夏弥勒经变画来看，当时西夏境内的弥勒净土信仰十分兴盛。

（一）西夏文献中记载的弥勒信仰

目前公布的西夏文献及遗存中，记载了众多西夏皇室、贵族、官僚、僧俗、百姓等对弥勒的信仰及对弥勒净土的向往。西夏皇室为满足自己的信仰，推动佛教进一步发展，除了举办法会、出资刻印佛经外，还以皇帝或太后的名义撰写发愿文或序言。如乾祐二十年（1189），皇室举办了规模盛大的法会，并在会上散施的番汉佛经共5000卷，其中《观弥勒菩萨上生兜率天经》发愿文中，祈望已故崇宗皇帝，同会弥勒，生入净土。[1]乾祐二十年九月十五日，仁宗66岁，刻印《观弥勒菩萨上生兜率天经》，请三位国师就大度民寺举行七昼夜求生兜率内宫弥勒广大法会，并作发愿文《观弥勒菩萨上生兜率天经》："朕闻：莲花密藏，总万法以指迷；金口遗言，示三乘而化众。世传大教，诚益斯民。今观《观弥勒菩萨上生兜率天经》者，义统玄机，道存至理。乃启优波离之发问，以彰阿逸多之前因。具阐上生之善缘，广说兜率之胜境。十方天众，愿生此。若习十善而持八斋，及守五戒而修六事，命终如壮士伸臂，随愿力往升彼天。宝莲中生，弥勒来接，未举头顷，即闻法音。令发无上不退坚固之心，得超九十亿劫生死罪。闻名号则不堕黑暗边地之聚，若皈依则必预成道授记之中。佛言未来修此众生，以得弥勒摄受。感佛奥理，镂版斯经……"[2]法会上还烧结坛，作广大供养，奉广大施食，并念佛诵咒，读西番、番、汉藏经及大乘经典，说法，作大乘忏悔，散施番、汉《观弥勒菩萨上生兜率天经》十万卷等。武威下西岈出土的西夏文佛经中有《观弥勒菩萨上生兜率天经》，刊行于西夏天盛年间（1149—1169），纸质、书法及雕版精美，非一般的民间印刷品，由题记推测应是上述仁宗一次刊印10万册的《观弥勒菩萨上生兜率天经》。[3]另外，甘肃省定西县文化馆保存的西夏佛经中也有《佛说观弥勒菩萨上生兜率天经》等。[4]

黑水城遗址出土的一大批文献中也有西夏文经卷《观弥勒上生兜率天经》。"1911年4月，伊凤阁向科学院历史语言所年会提交了报告——《西夏史上的一页》，对黑水城的历史作了概述，并将《观弥勒上生兜率天经》汉文本题记译成俄文。1916年，伊

[1] 史金波：《西夏佛教新探》，《宁夏社会科学》2001年第5期。
[2] 聂鸿音：《古道遗声——中华文学通览·西夏辽金卷》，中华书局，1997年，第52页。
[3] 陈炳应：《西夏文物研究》，宁夏人民出版社，1985年，第328页。
[4] 史金波：《西夏佛教史略》，宁夏人民出版社，1988年，第88页。

凤阁出版了西夏文汉文对照的《观弥勒上生兜率天经》（彼得格勒）"。[1]同时，黑水城出土的卷轴画中也有《弥勒佛》图像，图像中弥勒佛慈眉善目，珠光宝气，稳坐在祥云托浮的莲花座上，红色的飘带随风摆动，藕荷色的衣裙舒卷自如，上覆鲜花，下流碧水。[2]黑水城还出土了大量插有木版画的书籍，其中就有《观弥勒菩萨上生兜率天宫经》的画面等等。[3]近些年国内出版的黑水城出土的西夏文献中，也有较多的弥勒信仰经典，除了部分残页外，汉文本基本上是刘宋沮渠京声译本，版本最多的《观弥勒菩萨上生兜率天经》汉文本有甲、乙、丙、丁四个刻本。其中甲种本编号为TK58刻本佛经尾题后，有慈氏真言、生内院真言、弥勒尊佛心咒、弥勒尊佛名号、三皈依内容和施经发愿文等，由发愿文可知此经是仁宗乾祐二十年（1189）印施；[4]TK59刻本与TK58刻印的时间相同，虽然其中的版画已残，但经文、题记和附录全。[5]同样是仁宗乾祐二十年印施的丙种本TK60，佛经中间有残损，但佛经尾亦附有慈氏真言等。[6]除了以上提到的印施数量较大的《观弥勒菩萨上生兜率天经》外，其他尚有众多的汉文弥勒经典写本残片、残页等。黑水城西夏汉文佛经发愿文中也有诸多表达愿生弥勒净土的心声。如《弥勒上生经讲经文》发愿文："祝赞当今皇帝，圣寿万岁。文武官寮，禄位转千高。愿万民修行，在兜率天上。愿众生尽登彼〔岸〕。"[7]俄Φ337杨据璞"一切苦恼，悉能解脱。庶缘胜利，用浸广于善因，追荐慈灵，愿早登于净土"。[8]俄TK588李仁孝"伏愿：一祖四宗，证内宫之宝位；崇考皇姚，登兜率之莲台"。[9]俄TK267"愿万民修行，在兜率天上。愿众生尽登彼〔岸〕"。俄TK158陆文政施刻的《夹颂心经》中的发愿文"欲使佛种不断，善业长流。荐资考妣，离苦得乐，常生胜处，常悟果因。愿随弥勒以当来，愿值龙华而相见。然后福沾沙界，利及□□。有识之侍，皆蒙此益"。[10]

敦煌石窟中的西夏榆林15、16窟，有赐紫僧张惠聪修造佛像一事的题款，说他修造的是一尊弥勒佛像，高一百余尺。其长篇汉文题记写道："……往于榆林窟山谷住持四十日，看读经书文字，稍薰习善根种子……切见此山谷是圣境之地，古人是菩萨之身。不指锥门，就寺堂瑞容弥勒大像一尊，高百余尺。三十二相，八十种好端严。山谷内水长流，树木稠林，白日圣香烟起，夜后明灯出现。本是修行之界，昼无恍惚之

[1] ［俄］捷连提耶夫著，王克孝、景永时译：《西夏书籍业》，宁夏人民出版社，2000年，第4页。
[2] 史金波：《西夏佛教史略》，宁夏人民出版社，1988年，第183页。
[3] ［俄］捷连提耶夫著，王克孝、景永时译：《西夏书籍业》，宁夏人民出版社，2000年，第65页。
[4] 俄罗斯科学院东方研究所圣彼得堡分所、中国社会科学院民族研究所、上海古籍出版社合编：《俄藏黑水城文献》第2册，上海古籍出版社，1996年，第41–48页。
[5] ［俄］孟列夫著，王克孝译：《黑城出土汉文遗书叙录》，宁夏人民出版社，1994年，第132–134页。
[6] ［俄］孟列夫著，王克孝译：《黑城出土汉文遗书叙录》，宁夏人民出版社，1994年，第135页。
[7] 俄TK267，《俄藏黑水城文献》第4册，第354页。
[8] 俄Φ337，《俄藏黑水城文献》第6册，第130页。
[9] 俄TK58，《俄藏黑水城文献》第2册，第47页。
[10] 俄TK158，《俄藏黑水城文献》第4册，第7页。

心，夜无恶觉之梦。所将上来之圣境，原是皇帝圣德圣感，伏愿皇帝万岁，太后千岁，宰官常居禄位，万民乐业，海常清，永绝狼烟，五谷熟成。法轮常转。又原九有四生，蠢动含灵，过去现在未来父母师长等普皆早离幽冥，生于兜率天宫等……"[1]此外，西夏故地今内蒙古额济纳旗黑水城出土了弥勒佛的尊像画，既有中原汉式风格纸帛卷轴（图1-1-3），也有藏式风格壁画（图1-1-4）。且出土的西夏汉文与西夏文佛经中均有《观弥勒菩萨上生兜率天经》及卷首木刻版画。额济纳旗的绿城还出土了一尊弥勒佛雕像，弥勒大腹便便盘腿而

图1-1-3　黑水城出土的弥勒佛纸帛绘画

坐，笑容憨态可掬，[2]为中原流行的大肚弥勒形象（图1-1-5）。另在榆林窟的壁画、文殊山万佛洞门壁和东千佛洞第二窟西壁两侧都绘有布袋和尚，[3]可见中原汉地本土化的

图1-1-4　黑水城出土的弥勒佛壁画

图1-1-5　弥勒佛

[1] 向达：《莫高、榆林二窟杂考》，《唐代长安与西域文明》，河北教育出版社，2001年，第393页。
[2] 西夏博物馆编：《西夏艺术》，宁夏人民出版社，2003年，第57页。
[3] 施爱民：《文殊山石窟万佛洞西夏壁画》，《张掖石窟研究文集》，甘肃人民出版社，2006年，第305页。

弥勒信仰对西夏影响之深远。

(二)西夏弥勒经变

唐以后敦煌莫高窟的弥勒图像及经变壁画数量开始锐减，由唐代的61铺，锐减至五代11铺、宋代的10铺之后，就从莫高窟的经变壁画绘制中消失。但在敦煌河西地区肃北五个庙和肃南文殊山万佛洞中，却悄然遗存有三幅西夏弥勒经变，既有弥勒上生经变又有下生经变。其中弥勒上生经变见于文殊山万佛洞，弥勒下生经变主要见于肃北五个庙石窟的第1窟和第3窟。此外，黑水城遗存的西夏汉文与西夏文佛经《观弥勒上生兜率天经》中，卷首也有木刻的扉页版画，[1]其扉画内容与文殊山万佛洞《弥勒上生经变》类同，但版画中的人物形象及风格有藏式、有汉式。

1.西夏弥勒上生经变

文殊山石窟位于甘肃省肃南裕固族自治县祈丰镇，始建于北凉时期，洞窟沿山势开凿于文殊山前后山的崖壁上，现存窟龛一百多个，较重要的有佛洞、万佛洞等，文殊山石窟是敦煌艺术的延续和发展。

万佛洞内设有中心柱，四周开龛造像，壁画内容丰富，有西夏时绘制的巨幅《弥勒上生经变》（图1−1−6）等。该经变位于窟内的东壁，画面高2.06米，宽3.04米。它描绘的是弥勒菩萨成佛前居住的兜率天宫的景象，画面突出天宫里雄奇的殿宇、楼阁、台榭。构图布局上，隋因仅限于弥勒上生经变，绘于窟顶人字披，构图简明，图中弥勒菩萨端坐宫殿中说法，有胁侍供养菩萨及天王守护。主殿两翼附设重层楼阁，每层有诸天奏乐舞蹈。

图1−1−6　文殊山弥勒上生圣经变

---

[1]《俄藏黑水城文献》第1册，图版52；第2册，第307−308页。

殿堂左右上方绘诸天赴会；两下方是弥勒授记、说法及听法徒众画面。初唐始上生、下生经变并于一壁，置于侧壁或正壁龛内，开始出现经变绘画与塑像相结合的方式，并以通壁式为主，画中上部绘兜率天宫及弥勒菩萨说法，中部以倚坐弥勒说法为中心，四周围绕诸圣众，这种模式几乎中晚唐迄五代至宋皆因之。与之相比，西夏上生经变画所表现的多是弥勒端坐于莲花宝座上说法，或与诸眷属、神将以及赴会菩萨的场面，很明显内容已趋于简单，但它也有独具特色的一面，就是描绘了当时流行的"工"字形的庭院建筑，将人间的高墙大院来虚拟兜率天的建筑。

另黑水城遗存的西夏汉文与西夏文佛经《观弥勒上生兜率天经》中，卷首均有木刻的扉页版画，其扉画内容及表现形式与万佛洞内的《弥勒上生经变》相同（图1-1-7）。金刚杵装饰的界栏将画面分成三段式，画面的首段说法图，表现了释迦牟尼佛祇树给孤独园答优婆离所问弥勒菩萨授记成佛的法会。中段为表现佛经主要内容，即弥勒菩萨上生的兜率天宫。其中有宫殿楼阁、亭台水榭、门楼回廊，以及其梁柱斗拱、窗棂栏杆等，其线条运用无论平行垂直、循环往复、繁复疏密，均均匀平顺、纵横穿插有序，为界笔画成的建筑界画。此外还描绘了天宫中五百亿天子奉施宝冠，牢度大神以额宝珠化四十九重宫殿供养弥勒菩萨，以及花德、香音、喜乐、宝幢诸神等，多高冠博带、衣袖迎风飘举。第三段内分别绘有"花香供养"、

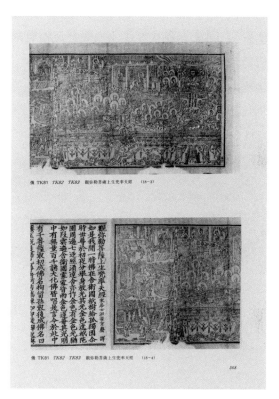

图1-1-7 弥勒经变扉画

"深入正受"、"修诸功德"、"读诵经典"、"威仪不缺"、"扫塔涂地"六个佛经中的故事情节。此版刻弥勒经变，首段主要人物如释迦牟尼佛和诸菩萨的造型、服饰均为藏式风格，但其余形象多为中原汉族风格。第二段主体画面中，兜率世界中的诸建筑及天人均为汉式风格，但弥勒却为藏式风格。而第三段中六个经变故事画面中除了供养佛外，其余人物场景均为汉式风格。

2. 西夏弥勒下生经变

五个庙石窟位于肃北蒙古族自治县县城西北20公里的党河西岸峭壁上，是古代瓜沙

地区以敦煌莫高窟为中心的外围中小石窟之一。洞窟悬于距地约十多米高的半崖壁上，现存的洞窟共有19个，唯有中间5窟可以登临，故被人们称为"五个庙"。五个庙第1窟的西壁，绘有西夏弥勒经变一铺，并在经变上方的两角绘有树上生衣、一种七收、老人入墓、婚礼图等情节。此外，在第3窟主室窟顶人字披北披上，也绘有西夏弥勒经变一铺。[1]

　　第1窟的弥勒下生经变（图1-1-8），现存画面可分为上下两大部分，上部左侧为"送老人入墓"、"一种七收"中之耕作图（图1-1-9）；上部右侧为"婚礼图"、"树上生衣图"和"一种七收"中之收割图（图1-1-10），且左右两侧还分别有榜题说明。画面主体为下部的弥勒三会，中央为弥勒，左为法华林菩萨，右为大妙相菩萨，组成"弥勒三尊"。围绕三尊者为赴会诸菩萨、阿罗汉、弟子、天龙八部、天女等眷属及部众。这应该是敦煌诸石窟群中时代最晚的弥勒下生经变图像。此处下生成佛的弥勒不是通常的结跏趺坐，而是交脚坐于莲台上。半袒前胸，内着白色僧祇支，穿石绿色长衣，外披红褐色法衣。弥勒面庞长圆，额广颐丰，弯眉细目、直鼻，深远的目光中透出宁静、平和

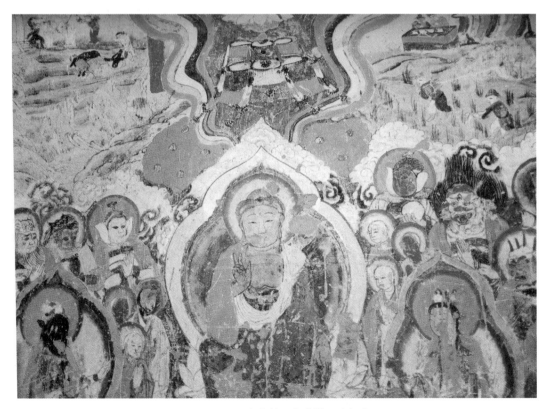

图1-1-8　五个庙第1窟弥勒下生经变

[1] 王惠民：《肃北五个庙石窟内容总录》，《敦煌研究》1994年第1期，第130页。

图1-1-9　五个庙第1窟送老人入墓图

图1-1-10　五个庙第1窟收割图

之态。其头光、背光之后，正有团团祥云升起，为粗笔勾勒而成，特别是右半部分的云朵的描绘，趋向于图案装饰手法。背光之后为深绿色的园林或草地，头光上是垂挂流苏和璎珞的莲花华盖，华盖两侧的云气分别用黑白绿赭四种颜色的色条表示，手法同样趋于图案化。"送老人入墓图"中，修建于地面上的黑色半圆形坟茔显得比较高大，坟茔有一个白色的券门，券门下是可以拾级而上的黑色台阶。坟茔左前方共有四人，走在最前面的人身着黑色衣裤，右臂长袖上举，左臂下摆，一腿弓起，一腿前伸，似为舞蹈状，并回首向后看。第二人为侍女，头饰环髻，穿白色衣裙，身体半左侧，但头部右侧向前，正注视着前面的舞者。紧随其后的是弯腰拄杖全身衣白的老者，他高冠虬髯、须眉皆白，从画面看，行动迟缓、步履蹒跚。老人身后是一个腰间束带的黑衣侍者，正身体前倾，双手托举一盛满食物的大盘。按经文"人将命终，自然行诣冢间而死"。[1] "耕作图"：耕田者白衣圆领腰间束带，皆挽着袖管、裤管，左手扶犁，右手上举，似为挥鞭。二牛一黑一褐，褐色牛正两蹄蹬地，头向前倾；褐色牛也弓腰攒劲，用力拖动犁铧行进。田地已被犁翻出一条条沟坎。"婚礼图"：情节极其简单，在铺有桌布的长方形食案上，摆满了杯盘碗碟等器物。只有两位宾客坐于食案之后，其中一人穿绿，一人穿红。"树上生衣图"：在婚礼图的左边是搭闹脑两端上翘为牛角形的衣架，衣架上悬挂着红褐、白、绿色相间的衣物。按经文"时阎浮地内，自然树上生衣，极细柔软，人取着之"，[2] 此处的衣物没有挂在树上而是搭在衣架上，与莫高窟第72窟五代《弥勒经变》中的"木架生衣"的表现类似。"收割图"：田垄中庄稼已经长成，二农人正在收获。其中一人软巾包头，腰间束带，衣襟下摆开叉，露出白色长裤，长裤的裤脚塞在短靴中，手里握着短柄的工具正在收割。另一人背一捆收割的粮食，正行走于田间，描绘一种七收的场面。"而时阎浮地内流水美好味甘除患，雨泽随时，谷稼滋茂，不生草秽，一种七收，用功甚少，所收甚多，食之香美气力充实。"[3]

　　第3窟的弥勒下生经变中，"供养人图"画在该窟人字脊窟顶北坡（后坡）弥勒经变下，其旁是经变中的剃度图。供养画像共三身，二主一仆，主人带平脚幞头，着圆领，小袖长袍，腰束带，脚蹬乌靴。均左手执缰，右手握鞭，乘马作正在行进之态。仆人系一男童，梳双髻扎带，着圆领窄袖衫，双手持扇。紧随前一身主人之后。该画绘画技巧欠佳，作风粗简，运线缺乏功力，显得有些板滞。[4] "剃度图"（图1-1-11）：此为该经变下端另画出的一幅小画，画中共五人，分为两组，右侧一组有一坐佛，旁立一弟

[1] 刘宋居士沮渠京声译：《佛说观弥勒菩萨上生兜率天经》，《大正藏》卷一四，第418-420页。
[2] 姚秦龟兹国三藏法师鸠摩罗什译：《佛说弥勒下生成佛经》，《大正藏》卷一四，第454页。
[3] 刘宋居士沮渠京声译：《佛说观弥勒菩萨上生兜率天经》，《大正藏》卷一四，第418-420页。
[4] 《中国敦煌壁画全集·西夏元》，天津人民美术出版社，1996年，第51-54页。

图1-1-11　五个庙第3窟剃度图

子；左侧一组共三人，一位老人在佛前恭坐。弥勒菩萨从兜率天宫降生到婆娑世界中的翅头城，后来出家成佛。翅头城的国王儴佉王"闻弥勒已成佛道，便往至佛所，欲得闻佛法。时弥勒与王说法，初善中善，竟善义理深邃。而时大王复于异时立太子为王，赐剃头师珍宝，复以杂宝与梵志，将四万八千众往至佛所求作沙门，尽成道果"。[1]时儴佉王与四万八千大臣至华林园龙华树下，"诣弥勒佛求索出家，为佛作礼。未举头顷，须发自落，袈裟着，身便成沙门"。[2]两处的经文虽描述略有不同，但可以肯定左侧这组中的老人应为儴佉王，其身后一人为剃头师，正在为之剃发，旁立侍从，捧盘侍候，表现弥勒经变中剃度的场面。此外，根据画面内容来看，位于该窟人字脊北披弥勒下端的供养人画像处的一幅"骑马图"（图1-1-12），有研究据相关佛经内容推断，应与弥勒佛母梵摩越带领八万四千婇女至弥勒佛所，求作沙门的情节有关。[3]画面中人物共四身，二主二仆，主像均高髻，髻外裹头巾，着交领阔袖袍，外再披巾，小脚穿乌靴，左

[1] 西晋月氏三藏竺法护译：《佛说弥勒下生经》，《大正藏》卷一四，第453页。
[2] 姚秦龟兹国三藏法师鸠摩罗什译：《佛说弥勒大成佛经》，《大正藏》卷一四，第456页。
[3] 《中国敦煌壁画全集11·敦煌　麦积山　炳灵寺》，辽宁美术出版社，2006年，第92页，图版二一四文字说明。

图1-1-12   五个庙第3窟骑马图

手握缰，右手持鞭，骑于马上；仆人面部稍残，似为男性，前一身头部不清，后一身系
男童，扎双童髻，着尖领窄袖衫，腰束巾带，足穿小乌靴，均双手持扇，分别随其主人
马后。

　　与莫高窟的弥勒下生经变相比，初唐始上生、下生经变并于一壁，置于侧壁、或正
壁龛内，这种形式延续到宋代；在构图上，唐代下生经变画面以弥勒三会为中心，三会
分布成"⌒"形，诸细节穿插于三会两侧及下部的空隙处。这一时期的构图形式还有窟
顶一披式、条幅式、单幅式、屏风式、窟顶四披式等，以通壁、单幅、屏风式居多，并
一直延续到宋五代。五个庙西夏第一窟的弥勒经变画布局于整个西壁，在构图上与唐宋
五代稍有不同，整个画面以下部的弥勒三会为中心，四个简化的主要情节不是穿插于经
变之中，而是置于经变上方的左右两侧，显得主次分明，又浑然一体、和谐有序。唐五
代宋的弥勒经变人物造型注重线描的运用，尤其是盛唐的作品，线描的运用达到了出
神入化的地步。西夏五个庙弥勒经变几乎是粗线条的大手笔，没有了唐宋五代时的细
腻、工整和精致，取而代之的是随情恣意、毫无约束的粗犷风格。色彩上，唐代敷彩多
用青、绿、红、赭、黄、黑及云母粉等色，形成一种金碧辉煌的效果，五代至宋经变色
彩仍旧十分丰富，发展到西夏五个庙时期，色彩由西夏特有的"绿壁画"，变为黑、白、
绿、赭为主的色调，整个画面呈现出西北内陆的自然风貌特点。例如"老人入墓图"和
"耕作图"，虽然描绘的是弥勒净土世界里的故事画面，但主体色调为白色与土褐色，给
人以干燥、沉闷、厚重的感觉，这可能与西夏民族长期生活的环境有关。

敦煌莫高窟的弥勒经变自隋代开始，从早先单纯的弥勒上生经变的绘制，发展到上生、下生经变并绘于一壁，再到后来重于下生经变全部内容情节的展现，且弥勒经变的绘制至宋渐进衰亡。弥勒上生经变西夏时期为何重又出现，其原因何在？有学者认为唐中后期弥勒信仰走向衰落，但由于755年安史之乱爆发后，西域与中原地区的联系被切断，西域的佛教独立发展，基本未受中原地区会昌灭法的影响，此抑或为弥勒信仰在该地区持续流行的社会根源。[1]由此推测，西夏时期的黑水城也应与此类似。

第二节　西夏西方净土信仰与经变

西方净土包括阿弥陀、无量寿和观无量寿三大净土。无量寿佛与阿弥陀佛为同一佛名的不同译名，六朝时流行意译的"无量寿"，而唐代流行音译的"阿弥陀"。玄奘译《称赞净土佛摄受经》中，把无量寿佛之"极乐世界"称之为"彼佛净土"，又因《阿弥陀经》等经中有"极乐世界"在"西方"之说，故有"西方净土"之称。汉译佛典中专门宣讲弥陀及其西方净土的经典，似乎比专门宣讲弥勒兜率净土的经典成熟得要早，两晋以后影响更大。[2]

一、西方净土经典与敦煌西方净土经变

（一）经典翻译与净土信仰

阿弥陀净土信仰肇始于东晋，由于其简便易行的修行方法深得人心，因而传播很快。至隋唐之际，已发展为专念阿弥陀佛名号，死后就可以往生西方净土。西方净土是阿弥陀佛所居之地。据《阿弥陀经》载"从是西方过十万亿佛土，有世界名曰极乐，其土有佛号阿弥陀"，"其国众生无有众苦，但受诸乐，故名极乐……极乐国土有七宝池、八功德水充满其中，池底纯以金沙布地，四边阶道金、银、琉璃、颇梨合成，上有楼阁，……池中莲花大如车轮，……彼佛国土常作天乐，黄金为地，昼夜六时雨曼陀罗花"。

无量寿经中的"无量寿"即梵语"阿弥陀"之意译，因此过去不分无量寿、阿弥陀，通称之为阿弥陀经。其实就经而言，《阿弥陀经》和《无量寿经》虽然译者不同、长短悬殊、内容有异，但关于"西方极乐世界"的描述是相同的。《无量寿经》讲述的是无量寿佛未成佛之前为"法藏比丘"时许下了四十八愿，不使众生达到尽善尽美的境界决不成佛，后来法藏比丘成了无量寿佛，其国土即西方极乐世界，"十方世界诸天人民"可以"三辈往生"其佛国土。"然世人薄俗"，生活于"五恶、五痛、五烧"之中，

---

[1] 杨富学、樊丽沙：《西夏弥勒信仰及相关问题》，《内蒙古社会科学（汉文版）》2013年第5期。
[2] 普慧：《略论弥勒、弥陀净土信仰之兴起》，《中国文化研究》2006年第4期。

无量寿佛"教化群生令舍五恶、令去五痛、令离五烧"往生其国土，生其国者有"胎生"和"化生"两种方式。其中，"化生"即"若有众生，明信佛智，乃至胜智，作诸功德，信心回向，此诸众生于七宝花中，自然化生，跏趺而坐，须臾之顷，身相光明，智慧功德诸如菩萨"。在其临终时，阿弥陀佛便会前来迎接，从而摆脱生死轮回之苦，在此土修得无上道心，最终成佛。莫高窟中的《无量寿经变》只表现了《无量寿经》中"安乐国土"与"三辈往生"两个部分的内容，因此"化生"情节的表现是区别《无量寿经变》和《阿弥陀经变》的标志。

《观无量寿经》与《无量寿经》、《阿弥陀经》相比，将"序分"中的"说法会"简单叙述后，就用较长的篇幅描述"未生怨"的故事。正文为"十六观"，即佛给韦提希夫人讲述如何见阿弥陀佛极乐世界，以及如何往生极乐世界。此处的"观"包括看、念、想、行，所谓的"十六观"为日想、水想、地想、树想、八功德水想、总观想、华座想、像想、遍观一切色身想、观观世音菩萨真实色身想、观大势至色身想、普观想、杂观想、上辈生想、中辈生想、下辈生想。"十六观"是《观无量寿经》及《观无量寿经变》的重要标志，特别是由《观无量寿经》演绎而来的《观无量寿经变》，在"说法会"中还大量糅合了《无量寿经》和《阿弥陀经》的相关内容。

《无量寿经》是净土群经之纲要，现存三经，即《佛说无量清净平等觉经》、《佛说阿弥陀三耶三佛萨楼佛檀过度人道经》（即《大阿弥陀经》）、《佛说无量寿经》。三经虽多寡有差、卷数不一，但内容大同小异。《阿弥陀经》的译出晚于上述三经，《观无量寿经》更晚。黄武初至建兴中（222—253）三国吴支谦于译出《大阿弥陀经》二卷，至今犹存。无量寿经有四种译本，魏康僧铠在嘉平年间（249—254）所译《无量寿经》影响最大。古文献记载《观无量寿经》有菩提流支、竺法护、缰良耶舍三人的译本，现仅存后一种刘宋缰良耶舍所译。以上三种译经被称为"净土三大部"。从当前净土经的遗存来看，阿弥陀经的地位非同一般，"据估计，现存大乘佛典中含有赞颂阿弥陀佛内容的经典约占三分之一"。[1]

（二）敦煌西方净土变

西方净土变是敦煌佛教经变的重要组成部分，由阿弥陀经变、无量寿经变和观无量寿经变组成。莫高窟中仅西方净土变代表作就有初唐第57窟、第217窟、第329窟、第332窟，盛唐第148窟、第172窟、第220窟、第445窟，中唐第360窟，晚唐第85窟、第156窟，五代第98窟，西夏第307窟、第400窟等。[2]

莫高窟中阿弥陀经变38铺，其中初唐6、盛唐4、中唐5、晚唐5、五代8、宋2、西

夏8铺。阿弥陀经变的画面基本布局以说法图为中心，早期的阿弥陀经变类似北魏时的说法图，佛、菩萨、弟子皆立于水中莲花之上。初唐时莫高窟第57窟的阿弥陀经变的说法图，用将近三分之一的画面表现碧波荡漾中芙蓉盛开的宝池，以及佛安详而坐，两边侍立菩萨弟子，天空中各种鲜花飘飘洒洒的西方极乐世界。盛唐时期的阿弥陀经变铺演成通壁大画，画面一般上段为飞来飞去的一佛二菩萨，以及楼阁、孔雀、迦陵频伽、白鹤、宝幢等，其中宝幢之上绘出"七重楼阁"、"珠宝罗网"。中段为水上平台，中间为主尊、二大菩萨及众多菩萨，左右各一大菩萨及众多小菩萨等。下段亦为水上平台，中间为舞乐，左右两边为佛菩萨，最上边为楼阁。阿弥陀经变没有任何小故事，只有西方极乐世界中的极力渲染，宋五代的阿弥陀经变基本延续盛唐的表现手法和风格，逐渐形成一种模式，少有创新。

　　无量寿经变敦煌莫高窟中共有32铺，隋代1、初唐8、盛唐1、中唐2、晚唐6、五代1、西夏13铺。盛唐第217窟的无量寿经变（图1-2-1）在阿弥陀经变画面布局的基础上，着重刻画了七宝池中莲花化生。初唐如第220窟中的无量寿经变，亦为阿弥陀

图1-2-1　莫高窟第217窟盛唐光无量寿经变

经变式的通壁大画，画面上段绘"不鼓自鸣"的天乐、"七重罗网"的宝幢等；中段为碧波荡漾的七宝池，池中盛开的莲花上，化生童子嬉戏其上，有倒立者，有"叠罗汉"者，还有含苞待放之莲花通体透明而能见其中待生之化生童子者，有化生之后立即成为菩萨者；画面下段正中还有精彩纷呈的双人舞及乐队。晚唐的第321窟《无量寿经变》在画面中段的平台与楼阁间，有桥梁相接，桥下八宝功德水水流湍急，水中有鸳鸯和未开、半开及已开之莲花化生，"化生"前还有榜题。

敦煌莫高窟中《观无量寿经变》（图1-2-2）共有84铺，初唐2铺、盛唐20铺、中唐34铺、晚唐18铺、五代4铺、宋6铺。布局上，《观无量寿经变》发展变化序列是"横卷式—凹字式—棋格式—条幅对称式—屏风条幅混合式—屏风式，其中条幅对称式延续的时间最长"。[1]《观无量寿经变》画面与前两净土经变基本类同，中间为"西方净土极乐世界"，或两边、或上下为条幅——分别绘十六观和"未生怨"的内容。"未生怨"是中唐以后加入了频婆娑罗王杀道人、白兔而求太子这一因果故事，包括杀老道、

图1-2-2　榆林窟第25窟唐观无量寿经变

[1] 孙修身：《敦煌石窟中的〈观无量寿经变相〉（摘要）》，《敦煌研究》1988年第2期。

捉白兔、持剑杀母、大臣进谏等内容。此外，在构图布局上，莫高窟中的三大净土变出现了《阿弥陀经》与《无量寿经》、《阿弥陀经》与《观无量寿经》、《无量寿经》与《观无量寿经》相组合的方式。[1]

二、河西石窟与黑水城西夏西方净土变

当前遗存的西夏净土经典，如《佛说无量寿经》、《阿弥陀经》和《净土往生顺要论》等，不仅有汉译本还有西夏文译本。敦煌莫高窟经变画中，自北周到西夏各种净土变的总数为400铺，其中西夏时期的西方净土变中的无量寿经变为13铺，阿弥陀经变为8铺，而难以区别的净土变的数量高达43铺之多，[2]超过了以往的任何时代，这从一个侧面揭示了西夏时期净土信仰流行和普及的程度。

（一）文献中记载的西夏净土信仰

西方净土经主张人皆有佛性，人人可以成佛，只要在临死前称颂阿弥陀佛，死后就可以往生西方净土；持念阿弥陀佛名号，临终时阿弥陀佛便会前来迎接。众生依靠阿弥陀佛愿力往生西方净土，尤其还可以快速往生极乐世界，从而摆脱生死轮回之苦，在此土修得无上道心，最终成佛，这对经常处于战争灾荒之中，且性情坦直豪爽又极重功利的游牧民族来说极具诱惑力。再加上官方不遗余力的扶持和推动，更促进了西方净土信仰在西夏的流行和传播。

西夏皇室刻印的大量佛经中，以皇帝或太后的名义撰写发愿文或序言的佛经里出现西方净土的，有崇宗时期刻印的西夏文《圣大乘无量寿经》御制序4面22行。仁宗时参加传译佛经的天竺僧人五明显密国师胜喜，曾传译《佛说阿弥陀经》等。译经的慧净国师法慧，又有金解国师封号，传译《佛说阿弥陀经》等。至觉国师慧护传译《佛说阿弥陀经》等。崇宗天祐民安五年（1094）梁太后和崇宗皇帝又发大愿，印施《圣大乘无量寿经》，令内宫刻印1万卷，手绢（彩绘）1万帧，施诸民庶；乾祐二十四年（1193）仁宗去世，聚会文武臣僚，共舍净物，恭请护国宝塔下定师、提点、副使、判使，在家、出家诸大众等3 000余员，令净恶趣，《阿弥陀佛》等，各自烧施道场供养等；襄宗应天四年（1209）散施《阿弥陀经》等共5万卷。一个名为安亮的人，他母亲死后百日刊印《大方广佛华严经普贤行愿品》10 008卷，绘弥陀主伴尊容72帧，在终七之时，大兴佛事，广启法筵。[3]此外，西夏故地还出土有西夏梵文佛经，在甘肃武威林场西夏墓所出的木缘塔上写有数种梵文经咒，"写在塔壁上的有《归依三宝》、《圣王无量寿一百八名

[1] 公维章：《莫高窟第220窟南壁无量寿经变札记》，《敦煌研究》2002年第5期。
[2] 《敦煌莫高窟经变画统计表》，《敦煌学大辞典》，上海辞书出版社，1998年，第81页。
[3] 史金波：《西夏佛教新探》，《宁夏社会科学》2001年第5期。

陀罗尼》……写在塔顶的是《阿弥陀佛咒》"。[1] 还有拜寺沟方塔中出土的汉文写本佛经《众经集要》则包括《大乘无量寿经》《大乘无量佛功德经》《观无量寿经》《无量寿经》《阿弥陀经》《大阿弥陀经》等。[2]

黑水城也出土了大量佛经、揭咒等。其中汉文佛经有《佛说阿弥陀经》（TK-176）、《无量寿佛说往生净土咒》（TK-110）、《佛说阿弥陀经》（TK-108、109、110、111）、《佛说大乘圣无量寿决定光明王如来陀罗尼经》（TK-6、21、22、23、24）、《观无量寿佛经甘露疏科文》（TK-148）、《往生净土倡》（TK-323）、《无量寿如来根本陀罗尼》（TK-07V）等，皆为西夏刻本，分经折装和卷轴装。西夏文佛经有《佛说阿弥陀经》（第10-6109号，西夏特藏147号，馆册763、803、4844、4773、7564、6761号）、《大乘圣寿无量经》（第193、194号，西夏特藏342号，馆册812、953、697、6943号）、《无量寿经》（第195号，西夏特藏409号，馆册2309号）、《佛说无量寿佛观经疏》（第297号，西夏特藏321号，馆册903、894、5006号）、《西方净土十疑论》（第318号，西夏特藏184号，馆册6743号）等。[3]

（二）西夏河西地区的西方净土变

根据目前公布的资料来看，除了莫高窟外，敦煌西夏石窟的西方净土变主要有《阿弥陀经变》和《观无量寿经变》两种，分布在河西地区安西榆林窟第29窟，第3窟南壁中间、北壁中间以及东千佛洞第7窟。而在黑水城出土的西夏卷轴画中，保存较完整的阿弥陀净土变及阿弥陀接引图等纷至沓来，不仅数量多，绘画技巧与风格融汉藏为一体，展现出西夏净土变独特的民族审美与艺术魅力。

1. 阿弥陀经变

榆林窟第29窟主室西壁北侧与东壁药师经变相对的墙壁上，画有阿弥陀经变（图1-2-3）一铺，其基本构图同对面的药师经变相仿，画面上部是象征阿弥陀净土中天宫楼阁建筑的三间大殿，阿弥陀佛端坐于主殿之中，两边配殿中有菩萨等侍从。画面的下部为殿堂前的庭院，绿草如茵。菩萨、天王、弟子、夜叉等圣众，或坐或立，或奔或跑，或正或侧，或回首交谈倾听，或目光远眺伫立沉思，三三两两自由自在地汇聚在殿堂前的庭院中。在庭院的正中还有一方形的七宝池，池中莲叶田田，盛开的红莲中，两个化生童子项戴颈圈，全身裸露，双手合十，相对站在红莲中，画面中大红、深绿等渲染形成了浓丽厚重的色调，烘托出西方净土的美好和欢悦。

---

[1] 史金波：《西夏佛教史略》，宁夏人民出版社，1988年，第105页。
[2] 宁夏文物考古研究所：《拜寺沟西夏方塔》，文物出版社，2005年，第204页。
[3] 俄罗斯圣彼得堡东方所、中国社科院民族所、上海古籍出版社编：《俄藏黑水城文献》（1—11册），上海古籍出版社，1996年。

图1-2-3　榆林窟第29窟阿弥陀经变

2. 观无量寿经变

榆林窟第3窟北壁中间的《观无量寿经变》（图1-2-4），在画面主体内容的表现上，与唐宋时期的《观无量寿经变》略有不同，主要突出表现极乐世界中巍峨殿宇与华丽楼台的精美构造与装饰，并将建筑中的人物比例缩小，大量安置在殿前的庭院中，取代了以往极乐世界中各种菩萨、天王、侍从弟子济济一堂纷繁杂呈于水上平台上的布局，使得西夏《观无量寿经变》成为一幅精美的界画，展现出与以往不同的独特艺术面貌。榆林窟第3窟南壁中间的《观无量寿经变》（图1-2-5）与同窟北壁的《观无量寿经变》在画面的总体布局和艺术风格上大致相同，但在界画建筑结构的细部处理上略有不同，相对而言南壁的《观无量寿经变》更加精美。同北壁《无量寿经变》的画面一样，南壁的极乐世界的庭院中人物布局也呈"X"形分布，井然有序；在大殿两侧的后廊及画面前端的门屋和走廊中，也有人物均匀分布，特别是西夏画师将以往净土世界中的水上平台的舞乐表演挪至画面前端的门屋的建筑中，人数由原先的歌舞乐队减少到两至三人，且舞者的动作颇似于藏密绘画中供养菩萨（图1-2-6）的舞姿动态。

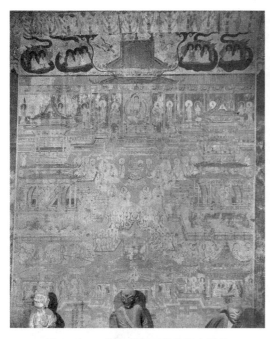

图1-2-4　榆林窟第3窟北壁中间的
观无量寿经变

图1-2-5　榆林窟第3窟南壁中间的
观无量寿经变

图1-2-6　供养菩萨

作为《观无量寿经变》标志的"十六观"，西夏画师继承了唐宋时期屏风画的表现形式，安排在净土极乐世界主体画面的下部。西夏晚期藏传佛教盛行，影响了佛教石窟艺术的创作。榆林窟第3窟西夏两幅《观无量寿经变》中的乐舞动作及服饰装束都表现出与藏密供养菩萨近似的特点。

（三）黑水城西夏阿弥陀像与经变

西方净土信仰中往生净土世界有两种方式：一是愿阿弥陀佛现前来迎接，二是愿莲花化生。西夏之前敦煌莫高窟100多幅西方净土变，约1/3表现的是"莲花化生"，即使未专门表现，也要在画面下部绘制莲池与莲花，来象征"莲花化生"。但在西夏表现净土信仰的图像中，只有阿弥陀佛来迎接，无"莲花化生"。俄藏西夏弥陀信仰的绘画中也都为阿弥陀佛来迎图，也少见"莲花化生"图。西夏之重视阿弥陀佛来迎接，与唐代重视"莲华化生"有很大区别，是西夏西方净土信仰的一个特点。[1]

黑水城出土的一百多件藏传风格的唐卡中，描绘释迦牟尼佛、药师佛和阿弥陀佛的作品占有很大的比例。目前《俄藏黑水城出土文献》中公布的图版中西夏《阿弥陀净土变》卷轴画保存较好的有四幅，《阿弥陀来迎图》卷轴画七幅，木刻画《阿弥陀来迎图》（图1-2-7）一幅。从绘画风格上看，阿弥陀净土变和往生阿弥陀佛净土的作品，多以汉地风格为主，即便杂有藏传风格因素，也难以掩盖其强烈的中原特征。

图1-2-7　东千佛洞第7窟接引佛

纯粹表现阿弥陀净土世界的卷轴画为中原汉式风格，画面中心阿弥陀及二胁侍菩萨端坐于须弥莲座上，莲座下方为菩萨天众、妙音鸟、仙鹤等，画面上半部分虽然残缺，但依然可以看到局部中不鼓自鸣的乐器。但需要说明的是另一幅原图版标明为《阿弥陀净土世界》的卷轴画，从画面绘制的内容等来分析，应该是综合极乐净土、七宝池、莲花化生、阿弥陀来迎及药师坐佛等多重内容的《阿弥陀净土变》（图1-2-8）。画面中阿弥陀佛和两个胁侍菩萨坐在茎干从七宝池中伸出的硕大莲花

图1-2-7　俄藏黑水城木刻阿弥陀来迎图

上。七宝池四边阶道装饰华美，表现的是经文中描述的金银、琉璃、颇梨等装饰，宝池内莲花朵朵，金色水波荡漾，应是经文中提到的纯以金沙布地的缘故。阿弥陀佛背光后

[1] 孙昌盛：《略论西夏的净土信仰》，《宁夏大学学报（哲学社会科学版）》1999年第2期。

图1-2-8　俄藏黑水城
《阿弥陀净土变》卷轴

的条状火焰纹中绘有十个小的阿弥陀来迎图，背光外又绘有八个吐蕃风格的药师佛坐像。"哈拉浩特收藏品也再现了晚期中国佛教和与之同时发展的宋时期的宗教之间的联系，而且这种联系一直持续到了19世纪。……这些作品再现了蒙古统治以前绘画的最后发展阶段，并反映了包含在它们风格中的印度、尼泊尔、西藏、中亚和中国不同的佛教传统。"[1]

[1]［俄］玛丽娅·鲁多娃著，张元林译：《哈拉浩特发现的中原风格的绘画作品》，《敦煌研究》1996年第3期。

图 1-2-9　俄藏黑水城阿弥陀来迎图

　　《阿弥陀来迎图》仍以汉式风格为主，很明显来自中原绘画的影响，画面的天空绘不鼓自鸣的各类乐器或宫殿楼宇等，由远及近飘来的祥云上，阿弥陀佛立于祥云的右方，足踏云中莲花，身体略侧转，目光下视，右手下垂，作与愿印。在佛的前面为胁侍菩萨观音、势至，二者身体略向前倾，手中共同合捧着一硕大的莲蕾，目光俯视莲蕾前一个裸体童子。裸体童子身披飘带，双手合十，或立或跪，作欲登莲蕾状。此外童子下方还有僧人，或老者，或者妇女，佛的眉间发出一束白光，将裸体童子及童子下方的人都罩在一起。画面中阿弥陀佛以及观音、势至二菩萨身形高大，几乎占据了整个画面，其他人物形象比例非常小，只位于画面的边缘或下方一角，且其中的一幅在画面左下方画出了坡石花草和翠竹等。除此之外，具有鲜明藏式风格影响的《阿弥陀来迎图》（图2-2-9），其构图、人物形象仍为汉式风格，藏式因素或表现在设色方面，如敷色厚重、鲜艳、明亮、对比强烈。用青绿色画山石、树木、天空和地面，人物、建筑及大面积的主尊像则施以红黄暖调，这种冷暖及色调产生了强烈的对比和装饰效果，从而让使整个画面呈现出华丽的藏式唐卡风格。[1]此外，黑水城出土的西夏作品中还有一幅《阿弥陀来迎图》，画面构图及人物形象与卷轴画类似。

唐以来敦煌莫高窟有许多描绘净土世界的巨幅画面，如华丽的宫殿楼阁、亭台水榭、飘动飞舞的伎乐舞者、神奇罕见的珍禽异兽和众多的天众眷属等。而西夏的阿弥陀佛净土，简简单单地只画出了阿弥陀佛和两位胁侍菩萨，以此表现"来迎"已故信徒往至"净土"的情景。虽然这种画面已见于7世纪敦煌藏经洞所出绘画"引路菩萨"，但具体完整地将阿弥陀、观音、势至、已故信徒及其化生的童子绘于同一画面中，说明"阿弥陀来迎这一主题终于脱离了依附地位，有了自己的、独立的艺术语言"。[2]

第三节　西夏药师信仰与经变

当前印度及犍陀罗地区的佛教造像遗存中，还没有发现药师佛的踪迹，因此学界有关药师佛的起源地点等，还存在着印度、中亚、西域和中国等不同的说法。1931年，英国人斯坦因在克什米尔的吉尔吉特发现了梵文《药师经》写本残页。日本学者百桥明穗认为此发现仍不能断定《药师经》就产生于印度，只能推测其是否产生于西域。[3]国内学者方广锠认为，药师佛信仰产生于中国，且"最早的药师经典为南朝宋秣陵鹿野寺比丘慧简所撰……该经后流传到印度，翻译成梵文。该梵本于隋代传回中国，由天竺三藏达摩笈多译出，名《药师琉璃光七佛本愿功德经》一卷。自此，该伪经被佛教界认为是真经，并正式入藏。此后唐释玄奘再次翻译，名《药师如来本愿功德经》一卷。唐释义净第三次翻译，名《药师琉璃光七佛本愿功德经》一卷。义净译本新增六佛本愿及咒，其余与玄奘译本大体相当"。[4]对此，也有人提出药师佛信仰应该追溯到佛陀，佛教借医弘教，药师佛信仰得以创建，虽然药师经在印度无甚影响，传入中国后与神仙方术求长寿、除病患的主旨相结合，给当时战乱频仍中的社会大众提供了强大的心灵慰

[1] 陈悦新：《西夏佛教卷轴画的艺术风格》，《北京理工大学学报（社会科学版）》2006年第2期。
[2] 张元林：《从阿弥陀来迎图看西夏的往生信仰》，《敦煌研究》1996年第3期。
[3] ［日］百桥明穗：《敦煌药师经变与日本的药师如来像》，《东瀛西域》，上海书画出版社，2013年，第40页。
[4] 方广锠：《国图敦煌遗书〈药师琉璃光如来本愿功德经〉叙录》，《敦煌研究》2012年第3期。

藉，从而在中土影响深远，绵绵流长。[1]

一、药师经典与敦煌药师经变

药师，梵名为 Bhaiṣajya guru，一般称药师如来、药师佛、大医王佛、医王善逝、十二愿王或药师琉璃光如来，为东方净琉璃世界之教主。《药师琉璃光王七佛本愿功德念诵仪轨供养法》中，描述了药师佛的具体形象，左手执药器，右手结三界印，着袈裟，结跏趺坐于莲华台，莲台左右侧有日光、月光二菩萨胁侍，台下有十二神将，各率七千药叉眷属，护佑受持药师佛名号之众生。

（一）药师经内容与经典翻译

药师佛于过去世行菩萨道时，曾发十二大愿，愿为众生解除疾苦，使之具足诸根，并最终证得菩提。《药师本愿功德经》说，药师佛是东方净琉璃世界的教主，在往昔为成佛行菩萨修习行法之时，曾发下十二宏誓大愿：

> 一为自他身光明兴誓愿。
>
> 二威德巍巍开晓众生愿。
>
> 三使众生饱满所欲而不缺少愿。
>
> 四使一切众生安立愿。
>
> 五使一切众生行梵行具三聚戒愿。
>
> 六使一切不具者诸根完具愿。
>
> 七除一切众生病苦令身心安乐术证得无上菩提愿。
>
> 八转女成男愿。
>
> 九使诸有情解脱外道天魔缠缚，邪思恶见稠林，引摄正见愿。
>
> 十使众生解脱恶贼横难愿。
>
> 十一使饥恶众生得上食愿。
>
> 十二使贫乏无衣者得妙衣愿。

信仰药师佛的人可避免九种横死，九横死为：

> 一者若诸有情得病虽轻然无医药及看病者，设复遇医授以非药，实不应死而病死。又信世间邪魔外道妖孽之师，妄说祸福便生恐动，心不自正卜问觅祸，杀

---

[1] 许立权：《中国药师佛信仰研究》，陕西师范大学2014年硕士学位论文。

种种众生解奏神明，呼诸魍魉，请乞福佑，欲冀延年，终不能得。愚痴迷祸信邪倒见，遂令横死入地狱无有出期，是名初横。

二者横被王法之所诛戮。

三者畋猎嬉戏，耽淫嗜酒放逸无度，横为非人夺其精气。

四者横为火焚。

五者横为水溺。

六前横为种种饿兽所啖。

七者横为坠山崖。

八者横为毒药厌祷咒咀起尸鬼等之所中害。九者饥渴所困不得饮食而便横死。

佛教宣传的药师信仰是致富消灾之"要法"，"病士求救，应死更生"，"王者攘灾，转祸为富"之"妙术"。凡"无救、无归、无医、无药、无亲、无家"者，只要供养药师如来就可一切如愿。王者如遇"人民疾疫难，他方侵逼难，自界返逆难，星宿变怪难，日月薄蚀难，非时风雨难，过时不雨难"，只要供养如法，则"七难消除"。药师佛依愿成佛，功德圆满，此为正报佛身，其依报则为庄严如极乐国的净琉璃世界国土。凡往生西方极乐净土而未奏效者，只要听闻药师佛名号，就有药师八大菩萨显现神通，前来指引，使其化生东方琉璃世界。《药师本愿功德经》称赞此净土世界说："一向清净，无女人形，离诸欲恶，亦无一切恶道苦声，琉璃为地，城阙垣墙，门窗堂阁，柱梁斗拱，周匝罗网，皆七宝成。"[1]

《药师经》共有五种译本，除了刘宋慧简译的《佛说药师琉璃光经》一卷佚失不存外，其余四译本内容大同小异，皆收入《大藏经》中，分别是东晋帛尸梨蜜多罗译《佛说灌顶拔除过罪生死得度经》一卷（《佛说灌顶经》第十二），隋达摩笈多译《佛说药师如来本愿经》一卷，唐玄奘译《药师琉璃光如来本愿功德经》一卷和唐义净译《药师琉璃光七佛本愿功德经》二卷。需要说明的是，这些经卷中药师佛的具体形象、持物、印相等皆未明确。此外，药师佛后来又为密教所重视，除前述吉尔吉特发现的密教《药师经》写经外，还有唐阿地瞿多译《陀罗尼集经》二卷、唐不空译《药师如来念诵仪轨》一卷、唐金刚智译《药师如来观行仪轨法》一卷等。

（二）敦煌药师信仰与经变

药师经变亦称药师净土变、东方药师净土变等。因佛教药师经中各种译本皆有药师佛土如"极乐国"、"亦如西方极乐世界"、"亦即净土"等词语，故名药师净土变；又因

---

[1]《药师本愿功德经》，《大正藏》卷一四，第401页。

佛教记载药师居"东方"而得名东方药师净土变。药师净土变乃敦煌经变题材里流行范围最广、时间最长中的一种，是《佛说拔除过罪生死得度经变》、《药师如来本愿经变》和《药师琉璃光如来本愿功德经变》的总称。

　　唐以前有关药师佛信仰的文献记载很少，梁陈文帝信佛，曾撰有药师佛斋忏文。唐时中原地区药师佛信仰的记载主要有《续高僧传》卷三〇《真观传》，真观的母亲因无子而诵《药师经》。元皎是唐肃宗的御用僧人，曾于至德二年（757）建药师佛道场。药师佛造像中，炳灵寺石窟169窟内释迦牟尼佛像的右上方，绘有一尊小禅定佛，旁题"药王佛"。云冈第十一窟也有药师佛造像。龙门石窟古阳洞南壁有孝昌元年（525）造药师佛造像及题记。此外，除关中、云冈、龙门石窟之外，四川石窟的药师图像是数量、内容较为丰富的一个区域。[1]唐宋时期敦煌地区民众的药师信仰比较盛行，其表现形式主要有抄写读诵《药师经》，供奉药师像如药师画像、塑像和刺绣像等，燃灯造五色神幡，绘制药师净土变和举办药师会等。[2]此外，敦煌藏经洞中遗存了一五代、北宋的经本坐佛粉本（高55.5 cm，宽38 cm），佛正面结跏趺坐于莲花上，顶有华盖和菩提树。头光外围为莲瓣形，背光内有波状纹，二者分别用赭红和黑色勾线。其余线条皆为小孔组成的轮廓线。敦煌藏经洞出土的五代彩色纸画（ch.xxi.0015）中，画面中的药师结跏趺坐于莲花宝座上，身穿田相袈裟，左手置膝头，持药钵，右手上举锡杖。背后有身光、头光，顶上有宝盖，药师面相长圆饱满。但需要说明的是，药师佛尊像画在唐宋时虽已出现，但仅偶有绘制，并不流行。[3]

　　敦煌药师经变壁画始见于莫高窟隋代洞窟，中唐时期较为流行，至五代、宋时已有57铺之多。莫高窟现存药师经变97铺，其中隋4、初唐1、盛唐3、中唐21、晚唐31、五代21、宋9、西夏7。其中艺术成就较高的代表窟有隋代第417窟，初唐220窟，盛唐第148窟，中唐第112、237、358、360、468窟，晚唐第12、85、156窟，五代第61窟等。隋代药师经变为横卷式，大部绘人字披顶，内容与构图简单，属于初创阶段，基本布局是：药师佛结跏趺坐，两旁侍立日光、月光二菩萨或八菩萨，经变最外侧是护卫药师国的十二夜叉大将，手捧燃灯，胡跪供养。在药师佛的两侧和座前，还有迎风飞动的五色续命长幡和多层轮式药师灯架。个别洞窟有八菩萨居显要地位，如第417窟，据八菩萨只有东晋译本具名，可知隋代药师经变依据东晋译本。到了唐朝，随着社会经济的全面繁荣和兴盛，将隋代较简单的药师经变发展成了鸿篇巨制的大幅经变，东方琉璃世界被描绘得富丽繁华，如初唐的通壁大画中，七佛并列，并绘有长幡、

[1] 白文：《关中唐代药师佛造像图像研究》，《陕西师范大学学报（哲学社会科学版）》2010年第2期。
[2] 党燕妮：《中古时期敦煌地区药师佛信仰》，《南京晓庄学院学报》2013年第6期。
[3] 沙武田：《敦煌画稿研究》，民族出版社，2006年，第238页。

七层燃灯和鼓乐歌赞等，由此可知是依据隋达摩笈多的译本。盛唐出现兼各种译本而综合组成的通壁大画。如第148窟（图1-3-1），据题榜得知，上部正中用的是义净译本中的咒语，而十二大愿既有帛尸梨密多罗译本的内容，又有玄奘译本和义净译本的内容。中唐以后，多据玄奘译经，其形式有后世所谓的"中堂式"，正中为大型的说法图，即药师净土的极乐世界，两边各一条幅上分别画十二大愿和九横死、斋僧燃灯、放生抵罪等内容，或将上述内容全画在下部的屏风上。唐代药师经变在构图上将经变画面分成三部分：中部是药师佛国净土和药师佛说法的场面，以及听法的圣众神将伎乐等，净土世界中楼台亭榭金碧辉煌，水池中碧波荡漾，荷花盛开，宝台两侧的神将和圣众或手捧莲花或合手礼佛，宝台的下方是灯火通明的灯架以及歌舞翩跹的灯架和伎乐队。左右两部分是对联式的立轴，表现十二大愿和九横死的内容，同时在画轴上还穿插买鸟放生、燃灯悬幡、斋僧供养等画面。

　　唐代药师经变画在内容表现上趋于完善和定型，五代和宋代的药师经变在规模上继承了唐代大幅经变的传统，壁画内容丰富，人物众多，每一场景都有固定的布局，形式

图1-3-1　莫高窟第148窟盛唐药师经变

图1-3-2　莫高窟第55窟宋药师变

上更加完备、严整。但从总的趋势上看，比较缺乏变化，个别场景虽然着力刻画、精雕细绘，已失去生动之趣（图1-3-2）。

二、西夏药师像与药师经变

艺术是社会生活的反映。在现实中"一切宗教，都不过是支配着人们日常生活的外部力量在人们头脑中的反映。在这种反映中，人间的力量采取了超人间的力量和形式"。[1]西夏人对药师佛的信仰，及药师尊像和药师经变的绘制，无疑与其客观现实情况有密切的联系。

---

[1]《马克思恩格斯选集》第三卷，人民出版社，1972年，第354页。

（一）西夏药师信仰

西夏是以游牧民族党项羌为主体的少数民族政权，曾过着"不知稼穑，土无五谷"的原始游牧部落生活。在迁入西北之前，宗教信仰是对天的崇拜，史载："三年一聚会，杀牛羊以祭天"。[1]后来由自然崇拜发展到对鬼神的信仰，"盖西戎（既西夏党项族）之俗，所居正寝，长留中一间，以奉鬼神，不敢居之，谓之'神明'"。[2]《宋史·夏国传》也记述了党项人"笃信机鬼，尚诅祝"。因此西夏立国之前，在很长的一段时间里没有医药，党项人生病往往求佑于神明。"有疾但占筮，令厮者送鬼，或迁他室，谓之'闪病'"。[3]建国后，医药知识仍很匮乏，虽然也不断地向宋金学习，但医药水平毕竟不高，一些疑难病症无法医治，不得不求助于宋金。仁孝时，权臣任得敬患病，久治不愈，仁孝遣使至金"乞良医为得敬治疾，诏保全郎王师道佩银牌往焉"。桓宗纯祐时，其母患病，纯祐遣使至金求医，"诏太医判官时德元及王利贞往，仍赐御药"。[4]宫廷贵族官僚得病如此，普通百姓更可想而知了。

1971年，在甘肃武威发现的西夏遗物中，有西夏文写的药方残页，上面第八行写有"辣头唇……来年空肚时，以新冷水中，服二十一滴，面东……"[5]显然这个医药处方还存在着神秘的迷信思想。"现藏苏联科学院东方研究所的西夏文献，有一些西夏文写本，如《魔断要语》、《谨娄》、《疮恶治顺要语》等，以及其他一些没有名称的咒语或教令集……就是在宣传行祈祷、念咒语、搞法术，以期获得治病脱疾、退魔免灾的效验。"[6]由此可见，当时西夏的医药水平不仅不高，而且巫医不分。

受其影响，西夏统治者大兴佛事、建造寺院塔舍、印制施放佛经和开窟塑像等活动随之展开，在这些石窟的壁画中，药师佛及药师经变这些宗教题材的绘制非常突出。敦煌莫高窟北区第125窟出土的西夏文刻本佛经残页中有用大字刻写佛名，讲述称佛名的诸多功效，其中就有《南无药师琉璃光佛》（一遍诵则贪吝昔因恶趣有亦因先曾闻重诵念依立便解悟，妇人此佛皈依诵则女变成男）。[7]黑水城藏品中有西夏文《药师琉璃光七佛之本愿功德经》（第145—148号，西夏特藏240号，馆册885、909、4014、6466号，有写本一卷子装，有写本一蝴蝶装）。西夏故地甘肃武威西郊林场发现的刘氏墓中，有一个装骨灰的木塔，塔身外壁书梵文经咒五种，其中也有《药师琉璃光王佛咒》。[8]此

[1] 韩荫晟：《党项与西夏资料汇编》上卷第一册，宁夏人民出版社，1983年，第128页。
[2] ［宋］沈括：《梦溪笔谈》卷一八，《技艺》。
[3] 《辽史》卷一一五《西夏外纪》，第1523页。
[4] 《金史》卷一三四《外国传》（上），第2865页。
[5] 王静如：《甘肃武威发现的西夏文考释》，《考古》1974年第3期。
[6] 吴天墀：《西夏史稿》，四川人民出版社，1985年，第256页。
[7] 崔红芬：《西夏〈金光明最胜王经〉信仰研究》，《敦煌研究》2008年第2期。
[8] 陈炳应：《西夏文物研究》，宁夏人民出版社，1985年，第188页。

外，西夏石窟还有药师佛图像多布局于正龛的两侧壁，也有的绘在甬道内两侧，均半侧面向主尊，左右相互对称呼应。这种大量绘制的现象，与西夏当时的医药水平低下、人们迫切需要求医问药的心理无疑相适应——希望通过对药师佛的信仰和礼拜，能祛病消灾、延年益寿，死后到达东方净土极乐世界。

在这种背景下，西夏官方主办的药师道场与法会也是极其隆重和盛大。西夏乾祐二十四年（1193）仁宗去世，印施《拔济苦难陀罗尼经》，聚会文武臣僚，共舍净物，恭请护国宝塔下定师、提点、副使、判使、在家、出家诸大众等3000余员，令净恶趣，《七佛本愿》等，各自烧施道场供养等，七日七夜，命读诵番、汉、西番三藏经各一遍，救贫、放生、施放神幡，请匠雕印，施此经番、汉文2000余卷。首先，《七佛本愿》即《药师琉璃光七佛本愿功德经》，唐义净译本，为药师经中最完整本，具有密教特点，且该本中药师佛之陀罗尼为其他译本所没有。其次《药师经》宣扬，只有供养药师佛、斋僧、燃灯、挂幡、放生才能往生药师净土，文献所载西夏皇室举行的盛大法会中，大都有施神幡、放生、饭僧等内容，如上述乾祐二十四年（1193）的七日七夜大法会中，"命读诵番、汉、西番三藏经各一遍，救贫、放生、施放神幡"。此外，1196年皇太后罗氏举行的法会，曾许愿在三年中作盛大佛事，其中包括散斋僧30590员，放神幡171口，放生羊70790口，说明西夏药师佛在皇室信仰中非同一般的地位。

（二）西夏药师尊像

药师佛尊像画在唐宋时已出现，但仅偶有绘制并不流行，在西夏中晚期却非常兴盛，且在人物形体、面貌特征上发生了巨大的变化，从沿袭唐宋发展到"妙然自创，俨然一家"。西夏早期的药师尊像画，仍极力仿效唐宋模式，面貌身材多为汉式，较为清隽。中期药师尊像画的画面上，药师及众菩萨、弟子的形体明显增高增大，且大多面部呈长圆形，细眉长眼，躯干魁伟，与唐宋以来壁画里的中原汉族形象有了明显的不同。如莫高窟西夏310窟的《药师佛像》，画中的药师佛半侧面，跣足立于莲花之上，一手执锡杖，一手托药钵。低肉髻、面相长圆，修眉细目，腮部肥硕，身材高大。这种药师佛形象，与高昌回鹘药师尊像画相似，上承唐宋绘画传统，近染高昌回鹘画风。同为单幅药师佛尊像画的莫高窟第363窟（图1-3-3），药师佛除了身形面相与前者相似外，其肉体晕染，继承了五代宋初的一种吸收凹凸晕染法的综合手法。另外，类似的还有东千佛洞西夏2窟壁画中的药师佛。

黑水城出土的卷轴绘画藏品中，最流行的除了金刚座触地印释迦牟尼佛、阿弥陀佛外，还有药师佛。与汉式风格为主的阿弥陀佛不同，药师佛卷轴画主要以藏式风格呈现。藏传风格的药师变轴画创作，丰富了敦煌及西夏药师佛绘画的艺术表现。藏式风格的卷轴《药师佛》（12世纪末至13世纪初，棉布，121×82厘米，藏爱尔米塔什博物

图1-3-3　莫高窟第310窟西夏药师佛

馆）（图1-3-4）画面最上方一排为药师七佛，画面中药师佛尖肉髻，眉间白毫，身穿红色的袈裟，金色花纹装饰带将袈裟分割成不同的方块，红色的方块内，用金线描绘出八吉祥等图案，结跏趺坐。药师佛右手作施与印，左手持黑色小钵置于双腿交叠之处。药师佛背后有佛龛及背光，佛两侧有胁侍日光与月光菩萨。药师佛和胁侍菩萨两侧的竖格内为八大菩萨，菩萨下面绘有两身比丘，比丘下方及药师佛莲座下，还有四面梵天、因陀罗、四大天王及药师佛统领的十二夜叉。类似风格的还有《药师佛》（图1-3-5）（12世纪末至13世纪初，绢本，111×82厘米，藏爱尔米塔什博物馆）。此外，《阿弥陀佛净土与药

图1-3-4　俄藏黑水城药师佛

图1-3-5　俄藏黑水城药师变

师佛》(12—14世纪，卷轴，棉制，113×78厘米，藏爱尔米塔什博物馆）把阿弥陀佛
和八身药师画在一个画面上，而八身药师佛都为藏式风格。

(三)西夏药师变

莫高窟西夏窟中绘有药师佛或经变的有第88窟、第164窟、第235窟、第400窟、
第408窟、第418窟，榆林窟西夏洞窟中有第29窟，东千佛洞西夏第2窟，肃北五个庙
第3窟等。

西夏早期的药师经变画沿袭了唐五代、宋以来的画风，也表现出一种宏大的气势，
背景建筑构图饱满，布局复杂，且层次分明、严谨、对称和均衡，如莫高窟西夏400窟
的北壁所绘《药师经变图》(图1-3-6)，背景就是以天宫、楼阁和水上栏台构成，全图
以石绿为地色，建筑物的柱、檐、顶、栏、台都是偏绿的灰、蓝、黑（变色）等色，但
是人物都整齐排列，动态单一，并且多为汉族传统形象的模式，缺乏生动的民族个性，
千人一面，比较刻板，整个画面少了唐五代、北宋以来经变画那种飞动的气势，给人以
沉闷、呆滞的感觉，缺少神韵和创造性。

西夏晚期河西石窟的药师经变受到了当时沙州回鹘壁画的影响，从内容到表现手法
都开始趋于简约和疏空，画面上没有了原先经变图中的楼台琼阁，也没有十方诸佛、众

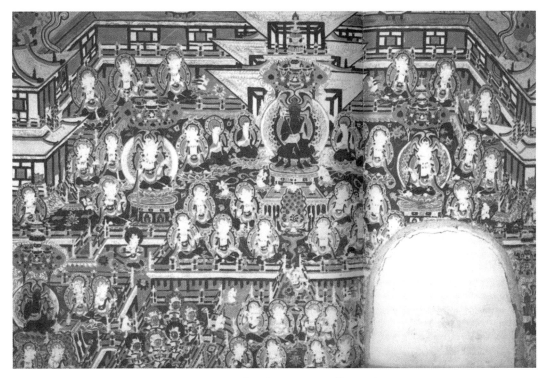

图1-3-6　莫高窟第400窟西夏药师经变

多的菩萨、八部天龙、十二药叉大将及诸眷属等东方药师佛国净土中热闹而宏伟壮观的场面，偌大的画面仅寥寥数人，且人物的形体开始增大，展现出以民族人物为主体形象的精神风貌和气质。此外，随着藏传佛教的传入，西夏人又创造出了一种与当时流行的曼荼罗构图形式相近的药师经变，这种新的风格样式是唐宋经变画所没有的。

1. 肃北五个庙第 3 窟西夏药师经变

五个庙石窟的第 3 窟开凿于北周，西夏重修，表层壁画属于西夏。其洞窟形制为人字披顶，北壁前设一马蹄形佛坛。东西长 3.6 米，南北长 4.1 米，窟高 3.4 米。在主室窟顶人字披南披绘药师经变一铺，北披绘弥勒经变一铺。[1]

药师经变继承了莫高窟屏风式经变构图，其整个画幅呈长方形，画中央绘药师结跏趺坐于莲花座上，两旁是菩萨和神将立像，莲座下供养菩萨两身，画中神将神情威严、戴冠，身穿大袍，双手持物，俨然是文职官员的装束，其绘画无论是画面结构、人物造型、衣冠服饰、运线敷彩，还留有宋代药师经变的风格。

在经变的两下角为屏风式长方形的画面，其艺术手法呈现出不同的面貌。左下角的画面中绘有中间高两侧低的供桌，桌上置有供品，桌后中央立药师琉璃光如来，有头光和身光，头光为绿色，药师双手似捧物，但图像漫漶已不可辨认。两侧各立侍从弟子，面相长圆，穿交领衣，两人目光都正注视着药师手中所捧之物，且其中一弟子还双手扶锡杖。佛及弟子身后绘有升腾的云气。在画面的右侧绘一灯轮，据经文供养药师佛须燃灯，"续命"须燃七层灯，每层各点七盏灯，共四十九盏灯，且要求燃灯"大如车轮"。此处灯轮为七层，下有灯座，中有立柱，七层灯轮有如平放之车轮。左侧则绘放生场景（图 1-3-7），图中有一位小吏戴展脚幞头，穿圆领小袖长袍，腰束带，双手合十作供养状，一侍从正从笼中取鸟放生，空中刚刚放飞的三只鸟腾空飞翔。《药师琉璃光如来消灾除难念诵仪轨》中说："女人怀难月，产危难生子，及遭疾病患者，鬼神作祸殃……建置道场，造本尊像，写药师经，六时行道，燃七层灯……放水陆生命四十九头……"东晋译本有放生续命说，但仅指要求免除监禁之苦者而言，隋代译药师经无放生之内容，唐代玄奘译本则有"续命"应放"杂类众生至四十九"的内容，并且要求"消除七难"亦应放生。但敦煌莫高窟药师经变壁画中绘"放生"情节的寥寥无几，其代表作仅见于盛唐的 148 窟和晚唐的第 12 窟，这里西夏药师经变中又出现了放生的画面。其次，在右下角的长方形画面里绘悬幡画面（图 1-3-8），中央绘一长条形的供桌，桌后中央立药师佛，肉髻低平，着通肩袈裟，左手捧药钵，右手持锡杖，有绿色头光，两侧各立一侍从弟子，一老一少，均双手合十，目视前方。图左侧紧绘一重楼，楼前立一高竿，

---

[1] 王惠民：《肃北五个庙石窟内容总录》，《敦煌研究》1994 年第 1 期，第 130 页。

图1-3-7　放生图

图1-3-8　悬幡

竿上神幡迎风飘扬，竿下立主仆二人作供养状，主人戴展脚幞头，面庞黝黑，身穿圆领阔袖长袍。药师经云：求长寿，求富饶，求官位，求男女，须悬幡；欲脱重病或求"应死更生"须造"五色续命神幡"长四十九尺；帝后、妃主、储君、王子、大臣、百官、黎庶为求消灾免难，亦应造"五色神幡"。画面中的神幡随风摆动，但五色已难以辨认。图右侧绘二身官吏，装束如前，一手持香炉，一手捧鲜花，前一身官吏回首望着后一身官吏。

在构图上，肃北五个庙的药师经变对以往的表现形式有继承有创新。继承方面表现在：画面分为上下两部分，上部为主体形象的药师佛及其眷属，下部为长条状的屏风画，展示药师经变续命放生、燃灯、悬幡、供养等情节。不同之处表现在：上部的主体画面，由唐宋经变中药师佛为众菩萨神眷天王簇拥式布局，转变为主体仅药师和极少的菩萨天众，背景人物大量减少，主体形象增大突出。在风格方面，与以往经变细腻繁复的画风相比，此幅经变主体人物造型准确生动，线描简劲流畅，但经变下的两幅小画用线粗犷、敷彩简单，上下部分画面风格形成鲜明的对比，尤其是后者体现出与唐宋经变截然不同的豪放粗简的绘画风格。

2. 榆林窟第29窟西夏药师经变

随着佛教的进一步发展和深入，西夏画师实践经验的日益丰富和提高，西夏的民族艺术由早期的模仿继承逐步发展到借鉴、吸收和创新，并开始趋于成熟，与肃北五个庙的药师经变相比，榆林窟第29窟的药师经变开始反映出以民族为主体的西夏人精神风貌和气质。

榆林窟第29窟为覆斗形顶，设中心佛坛，在主室东壁中间画文殊变一铺，北侧画药师经变一铺，南侧金刚一铺。北侧的《药师经变》（图1-3-9），画面上部是以立柱帷幔隔开的三间大殿，药师佛肉髻低平，有红色髻珠，面相阔圆，袒右肩，斜披红色袈裟，手持药钵，端坐于中殿的莲花座上，头光和身光分别为红色或红色与绿色相间的光环，在其之后背景为放射状的红、白、绿相间的条状火焰，画面有一种深远、庄重而神秘的氛围。两边侧殿中分别为面向药师侍立的日、月菩萨和弟子天众，日、月菩萨均头戴宝冠，面形长圆，细目修眉，直鼻樱唇，两颊丰满，耳饰重环，颈部和臂腕饰项圈环钏，袒右肩，斜披红色袈裟，身形高大突出（图1-3-10）。两边有比例相对较小的随侍天众弟子各六身，有老有少，并两两一组，或低声交谈，或举首凝望，或若有所思。殿前台阶下是开阔的绿地，与佛殿中的绿地相同，听法诸天圣众随意自在散布绿地上，或坐或立，或前或后，或正或侧，轻松自然；在绿地前面正中有一个小小的莲花池，池内有莲花、荷叶和化生；画面最下部绘出了一条云气，隔开凡俗与天堂。

唐宋时期的敦煌人为自己创造出了一个充满净水、楼台、舞乐的净土天国。此外，

图1-3-9　榆林窟第29窟药师经变

以往的药师经变在主体的布局上，将繁多的诸天圣众等人物，密集杂陈于宫殿楼阁与池台的内外。西夏的这幅药师经变中，无论是日、月菩萨身边的天人弟子，还是殿前绿地上坐立的听法圣众，不再是以往经变中尊卑有序、正襟危坐、屏息凝神的样子，而是无拘无束、自由自在散立于殿前绿色的庭院中，举止适意，这在敦煌经变艺术中是十分少见的。

3. 东千佛洞第2窟药师经变

东千佛洞是敦煌石窟群的重要组成部分，位于莫高窟正东约140公里的长子山北麓，距榆林窟仅40公里，与榆林窟同属于今甘肃安西县。东千佛洞始建于西夏后期，四个主要洞窟都是甬道式中心柱窟，特别的是它们都是在中心柱背面

图1-3-10　榆林窟第29窟药师经变局部

甬道内绘涅槃变和说法图壁画相对应的格局，与安西榆林窟第2、3、29窟一样都是西夏时创建的最具代表性的洞窟。

东千佛洞西夏第2窟坐西向东，其形制前部为覆斗形顶，后部平顶，有中心塔柱。主室南壁西起画水月观音、东方药师经变、十一面八臂观音，主室西壁正中画说法图一铺，两侧画药师变各一铺。其中的第一幅药师变，描绘的药师佛正在虚空中巡游，身旁有两身随从的弟子，随时接受人们的请求，解除诸种疾病痛苦，拯救人间各种灾难的行道图（图1-3-11）。药师佛头上为低平肉髻，上有髻珠，面相丰满长圆，细眉低目俯视，神态平静安详；袒胸，内穿僧祇支，外着田相袈裟；左手于胸前托透明的药钵，右手持锡杖，足踏莲花。身旁随行的两位弟子均双手合十，左侧年纪较大，面庞清瘦，双唇紧抿，上视的目光坚定而执着，身穿蓝色右衽法衣，外披田相袈裟；右侧年纪较轻，穿赭色衣，目光下垂，神情谦恭、谨慎。三者皆有头光，药师佛的头光为透明的淡绿色。整个画面云气飘渺，意境深远。第二幅药师经变的画面人物与上幅基本相同，药师左手扶锡杖，右肩前倾，右手托钵向下前伸，因为在药师的右侧下方有一组四人的童

图1-3-11　东千佛洞北甬道壁画

子像，这群童子似乎正在接受药师赐给的药丸。两幅药师经变在用线和设色上，艺术成就比较突出，线描上主要运用了钉头鼠尾描和铁线描表现衣纹和服饰，笔迹勾画紧劲利落；敷彩以粉绿、赭黄、深蓝和黑色为主，渲染简淡朴素，整个画面形成了一种自然清新的绘画风格。

小　　结

敦煌西方净土变中，弥勒经变最早出现的时间，目前中亚和西域还未发现敦煌经变，但中土早在北齐石窟和南朝造像中就已出现弥勒经变，隋代时传入敦煌，可以说弥勒经变是中国佛教艺术的一种创新图像。[1]敦煌的弥勒经变有100多铺，从早期的上生与下生合为一铺，发展为单独弥勒下生经变，再至逐渐消退，至西夏弥勒上生经变与下生经变同时再度涌现，说明其信仰在敦煌地区及西夏境内具有深远影响力。随着西方净土信仰逐步走向繁盛，弥勒净土信仰则由于内外因的关系日趋式微，弥勒逐渐让位于弥陀而走向边缘化。阿弥陀净土变中，西夏不再像以往唐宋经变中单纯地表现净土世界天宫建筑、歌舞伎乐、宝池莲花和珍禽异兽等，而是转向莲花化生和弥陀来迎，揭示了西夏阿弥陀经变信仰重心的转变。需要说明的是，中唐以前药师信仰尚未完全兴起，敦煌石窟西方净土变基本与弥勒经变相对置出现。二者对应在盛唐时尤为频繁，彰显了这一时期西方净土与兜率净土在信仰层面上的融合。敦煌的药师经变也有100多铺，与弥勒经变合起来的数量几乎占敦煌所有经变总数的六分之一，但敦煌莫高窟药师经变形象多为汉传风格，发展至西夏时期，除了安西榆林窟的传统形象外，在黑水城出土的西夏卷轴画中，出现了藏传风格的药师佛唐卡，且黑水城西夏阿弥陀的背景中还出现了药师佛的形象，揭示了当时西夏人对药师净土特有的尊崇和独特的表达。

---

[1] 王惠民：《敦煌经变图像研究》，台湾佛光山文教基金会，2003年版，第130页。

第二章　西夏文殊变和普贤变

文殊变、普贤变在佛经中没有与其画面相符的独立经典，敦煌研究院贺世哲先生根据第192窟发愿文及伯3564号文书记载的莫高窟第36窟发愿文所述"文殊并侍从"、"普贤并侍从"而定名的。[1]对此也有学者提出，既然古人对这两幅的定名无一定之规，而所定之名又不能明示该图所表现的内容，亦可据其内容更确切地定名，如"文殊菩萨赴会图"与"普贤菩萨赴会图"。[2]但在黑水城遗存的《大方广佛华严经入不思议解脱境界普贤行愿品》的西夏刻本卷首版画中，其经名旁画面界栏上端的内侧，以榜题的形式，注明此版画为"行愿变相"。变相即"经变"，因此为全书名称统一之故，本文仍采用"文殊变"和"普贤变"的称谓。

第一节　敦煌的文殊变与普贤变

据大乘佛典《大方广佛华严经》，释迦牟尼成道之后，于菩提树下为文殊、普贤等大菩萨宣说经中佛陀之因行果德。因此与之相关的图像中，文殊、普贤分别侍立于释迦牟尼佛之两侧，三者一起组合成"华严三圣"。文殊代表般若（智慧）的菩萨，普贤代表修行（理德）的菩萨，二者的融合表现了大乘佛教的理想，故文殊、普贤菩萨往往是成对出现。

一、文殊普贤信仰与经典翻译

早在中印度时期，文殊便成为大乘佛教的三大主要崇拜之一。大乘经传入中国后，随着魏晋南北朝时期弥勒、阿弥陀佛、观世音和地藏等信仰的流行，文殊信仰也逐渐兴起。文殊，为梵文Mañjuśrī的音译"文殊师利"、"曼殊师利"之简称。意译为妙德、妙吉祥、妙乐，专司智慧。在大乘佛教中，文殊菩萨享有很高的地位，他是众菩萨之首，

---

[1] 贺世哲：《莫高窟第192窟〈发愿功德赞文〉重录及有关问题》，《敦煌研究》1993年第2期。
[2] 李永宁：《敦煌莫高窟第159窟文殊、普贤赴会图——莫高窟第159窟初探之一》，《敦煌研究》1993年第4期。

被认为是如来"法王"之子，经常协同释迦宣讲佛法。文殊造像多骑坐狮子，象征智慧勇猛。密宗的文殊像多执宝剑，显示无魔不摧、无邪不降的锐利。敦煌莫高窟以汉地大乘教文殊造像为主，戴三珠宝冠，披肩巾，佩璎珞，着长裙，或立或坐。据记载，文殊生于古印度舍卫国的一个婆罗门家庭，后随释迦佛出家。释迦灭度后，他来到云山，为五百仙人解释十二部经，最后又回到出生地，在尼拘陀树下结跏趺坐，入于涅槃。释迦牟尼佛曾告诉金刚密迹主菩萨，在赡部洲东北方有一个"大振那"的国家，国中有一座大山，山有五峰，称为五顶山。释迦佛去世后，文殊菩萨将以童子形游行于此，在山中居住，为众生宣说佛法。中国佛教认为山西五台山就是佛经中所说的"大振那"国的五顶山，因此以五台山为文殊菩萨的说法道场，五台山也就成了佛教的圣地。文殊及五台山信仰崇拜在盛唐时期达到了顶峰，《大正藏》中以"文殊"诸名称命名的经籍达七十多种，在各大菩萨中仅次于观音。文殊图像由早期华严三像，初唐时已逐渐独立发展为拥有侍从的文殊变。

普贤，即"三曼多跋陀罗"，为梵文 Samantabhadra 的音译，有普行善愿之意。大乘佛教称普贤德行第一，与文殊菩萨同为十大菩萨之上首。有关普贤的形象《华严经》中没有明确的描述，只提到"普贤菩萨摩诃萨于如来前，坐莲华藏师子之座"，即普贤在如来前乘狮子座。《妙法莲华经》称"是人若行若立，读诵此经，我当乘六牙白象王，率大菩萨众，俱诣其所，现身供养守护"。由此可知，后世普贤菩萨头戴五佛冠，身着白玉色服饰，跏坐在宝座之中，右手持金刚杵，左手执金刚铃，乘六牙白象的造型多是受《法华经》及后出密教经典的影响。[1]从晋代开始，四川的峨眉山便成了普贤的说法道场。《华严经》载善财童子为求菩萨之道曾求教于普贤，普贤为其讲述了十大行愿，在佛教中颇有影响，这十大行愿是：一是礼敬诸佛，以净身、净言、净心对诸佛敬礼；二是广修供养，供养一切如来；三是称赞如来，礼赞一切如来的诸种功德；四是忏悔业障，在诸佛及菩萨之前告白过去所累积的罪障恶业，并深深悔改；五是随喜功德，对诸佛、菩萨以及众生所做的善行，均加以随喜；六是请转法轮，望求诸佛如转法轮一样的教化众生；七是诸佛住世，期望诸佛、菩萨以及杰出的修行者，长驻世间而不入灭；八是常随佛学，经常追随诸佛学习；九是恒顺众生，敬爱众生如敬爱自己的父母；十是普皆回响，将自己所获得的一切功德都给予众生，并祈愿他们能安乐和成道。由于十大行愿的流传，普贤又被尊为"十大愿主"、"大行普贤"。

魏晋南北朝始，文殊与普贤经典翻译陆续出现，如东晋时佛陀跋陀罗译《华严经·普贤菩萨行品》中的偈颂与《文殊师利发愿经》，唐朝实叉难陀又译《文殊师利授

---

[1] 李富华：《〈华严经〉与普贤菩萨思想》，《佛学研究》1999年第10期。

记经》三卷以及《华严经·普贤行品》中的偈颂，不空译《普贤菩萨行愿赞》和《大圣文殊师利菩萨佛刹功德庄严经》三卷，般若译《四十华严经》第四十卷《普贤菩萨行品》中的偈颂等等。现存最早的文殊经典有支娄迦谶于东汉光和（178—184）至中平三年间（186）翻译的《文殊师利普超三昧经》和《文殊师利问菩萨署经》，西晋时期敦煌菩萨竺法护和聂道真等翻译的《佛说文殊悔过经》、《佛说文殊师利净律经》等五部。但目前遗存的普贤类佛典不多，单独的仅有《观普贤经》、《般若理趣经》、《普贤曼罗经》等数种而已，其余的《普贤菩萨行愿王经》等，乃从《华严经》、《法华经》等大经中别出。[1]

二、敦煌的文殊变与普贤变

　　敦煌文殊、普贤造像以汉传大乘教为主，除了壁画之外还有塑像、绢、纸、木刻版画等，其壁画中仅文殊变数量即达132铺，普贤变125铺，成为敦煌经变的重要题材。莫高窟代表作有盛唐第172窟，中唐第159窟，晚唐第9窟、第12窟，五代第36窟，榆林窟第25窟，西夏榆林窟第3窟等。

　　初唐时期的文殊图像还处于发展阶段，文殊通常戴三珠宝冠、披肩巾、佩璎珞、着长裙，或立或结跏、或半跏、或狮坐，[2]其画像还未形成固定的模式，但在第220窟西壁龛外两侧和北壁的药师经变中已出现文殊与普贤配对出现的画面。发展至盛唐时期，文殊骑狮，昆仑奴驭狮，并在其前侧出现一礼拜僧人形象，整体人物多画在流云上，且文殊变与普贤变多配对出现，如第148、172等窟。至中唐文殊图像中有狮子、昆仑奴、天王、力士与供养菩萨等眷属，且基本形成了固定的模式，如敦煌第112、159、231、200，榆林窟第25窟等具有代表性。与此同时，文殊画面背景中还出现了隐喻文殊道场的五台山图。[3]其中属于吐蕃时期的中唐第159窟（图2-1-1）的文殊变与普贤变，创造出了一种与盛唐时期雍容、华贵截然不同的青绿淡彩新风，人物形象多注重内心与个性的刻画。晚唐、五代延续中唐模式而来，眷属人数增加，有帝释、天王、飞天、供养菩萨、执幡天人、诃梨地母等。需要指出的是，后世发现的第220窟新样文殊图像中，昆仑奴变成了戴冠的于阗王，相关学者对其来源、内容及风格等做了诸多的探讨。[4]

　　普贤造像在两晋南北朝时候就已出现。敦煌石窟北魏时期就绘有普贤图像，普贤造像的大量出现始于初唐，中唐至宋更为明显。普贤的形象多来自法华经中的《普贤劝

[1] 张子开：《敦煌普贤信仰考论》，《山东大学学报（哲学社会科学版）》2006年第4期。
[2] 史苇湘："文殊画像"词条，见《敦煌学大辞典》，第132页。
[3] 潘亮文：《敦煌唐代的文殊菩萨图像试析》，《敦煌研究》2013年第3期。
[4] 沙武田：《敦煌P.4049"新样文殊"画稿及相关问题研究》，《敦煌研究》2005年第3期。

图2-1-1
莫高窟第159窟文殊变

法品》和《普贤观经》，其中描述的普贤身骑白象，金光四射，与诸大菩萨从东方来到
王舍城耆阇崛山中，听闻释迦牟尼说法。一些石窟中的普贤变的画面，正表现了普贤从
东方前往的途中情景。《普贤变》中华严部经典中没有对普贤形象的具体描述，但如大
足宝顶山石窟、北山石窟、安岳石窟中华严洞、邓峡石笋山以及杭州飞来峰、敦煌榆林
窟、山西大同的善化寺三圣殿等的诸多"华严三圣"造像中，文殊、普贤常以毗卢舍那
佛的左右胁侍形象出现，其依据明显源自《华严经》。其中四川邓峡石笋山上的唐代华
严三圣，主像毗卢遮那佛左右侧分别为骑着六牙白象的普贤菩萨和骑着青毛狮子的文殊
师利菩萨，普贤菩萨头戴五佛冠，手拿如意、或拂尘、或双手合十，或立、或半跏趺
坐、或游戏坐，四周梵天、天王、天龙八部、力士等跟随，其间还有幢幡、彩云、鲜

图2-1-2
莫高窟第220窟的新样文殊

花、舞乐等点缀。[1]敦煌石窟壁画中的普贤变，以莫高窟第172、159、12、9窟及榆林窟第3窟的艺术成就最高。

　　此外，1975年原敦煌研究所对第220窟重层甬道进行整体搬迁过程中，发现甬道北壁有一幅公元925年五代后唐庄宗同光三年绘制的壁画《文殊变》（图2-1-2），画面中牵狮人昆仑奴一改先前的卷发黑肤、大眼厚唇、半裸赤足的形象，变成了身穿长袍、头戴风帽、足蹬长靴的西域人形象，且其左上方有榜题："普劝受持供养……国王囝……时大圣感得于阗"，狮子下方墨书愿文中有"敬画新样大圣文殊师利菩萨一躯并侍从供养菩萨一

[1] 郑丽梅：《事以理成，理以事现——普贤形象略考》，四川大学2006年硕士学位论文。

躯……"。"新样文殊之'新'，打破了文殊、普贤并出的惯例，文殊单独出现外，为了独立画面的需求，侧面文殊一变而成了正面，文殊手执如意，端坐在青狮宝座上，增强了庄严肃穆之感。重要的现象是'昆仑奴'换成了于'阗国王'。"[1]对此，学者沙武田认为新样文殊仍以和普贤对称为主，且文殊像是否正侧面，也不是"新样"特征，文殊正面像早在盛唐、中唐、榆林窟五代等洞窟中多有见到，他提出"新样文殊"特征，应主要是于阗国王、善财童子，以及佛陀波利、圣老人的出现，亦即文殊三像和五像。[2]榆林窟五代第19窟与第32窟的文殊变中就出现了新样文殊中的文殊三像。此外，流失海外的敦煌藏经洞的若干印本上，也有类似莫高窟第220窟的新样文殊图像，如法国巴黎国家博物馆藏品中编号为P.4049的白描画稿（图2-1-3），从画面图像来看只比敦煌第220窟的新样文殊多了佛陀波利与文殊老人形象，为新样文殊的文殊五像。佛陀波利与文殊老人故事源于《佛顶尊胜陀罗尼经序》、《广清凉传》、《宋高僧传》等佛教文献。

图2-1-3　法国巴黎图书馆藏新样文殊白描P.4049

[1] 关友惠、施娉婷、段文杰：《莫高窟第220窟新发现的复壁壁画》，《文物》1978年第12期。
[2] 沙武田：《敦煌P.4049"新样文殊"画稿及相关问题研究》，《敦煌研究》2005年第3期。

依唐佛陀波利翻译的《佛顶尊胜陀罗尼经》经首序文所载，北印度罽宾僧佛陀波利，听说文殊菩萨在清凉山，便远涉流沙去拜谒。唐高宗仪凤元年（676）佛陀波利杖锡五台山，路遇一神异之老翁，蒙其示教，重返本国，取梵本《尊胜陀罗尼经》复来京师；仪凤四年（679），唐高宗命人将经文翻译完成后留在宫中。后来在佛陀波利的请求下，唐高宗将梵本《尊胜陀罗尼经》返还后得以在社会上传播流布。

第二节　西夏文殊普贤信仰及经变

因五台山是文殊菩萨修行说法的道场，晚唐五代以来敦煌僧人朝拜五台山已成一种风气。发展至西夏时期，民众对文殊普贤的信仰依旧高涨，其根本性的原因与西夏统治者或因崇奉佛教、或为政治目对文殊普贤信仰的扶持推动密不可分。

一、西夏文殊信仰与普贤信仰

早在西夏建国前，李德明就曾派人到五台山修供过佛寺。"宋宝元元年，表遣使诣五台山供佛宝，欲窥河东道路。"[1] 李元昊立国前也曾上表给宋朝，希望派人到五台山供养佛宝，后来由于西夏和宋朝边境上战争时断时续，五台山朝佛活动因此暂停，西夏就在境内贺兰山中建立起本国的五台山寺。据张鉴《西夏纪事本末》所载《西夏地形图》中，在贺兰山内记有"五台山寺"。又西夏僧人所编《密咒圆因往生集》前的题款，有"北五台山清凉寺出家提点沙门慧真编集"。这个清凉寺所在地北五台山，或为贺兰山五台山的一部分，可能西夏是效法山西的五台山寺，贺兰山的五台山寺也是一寺庙群，清凉寺即为其中之一。"在西夏文类书《圣立义海》第二章的第四品'山之名义'中有'五台净宫'，其释文为'菩萨圣众现生显灵、禅僧修契、民庶归依处是善宫，野兽见人不惧'。据此可知这里的五台净宫，应系西夏的五台山寺，其地点可能是今贺兰山拜寺口寺庙遗址"。[2] 西夏上至皇室贵族，下至民间普通信众，多书写、传授、雕印《华严经》，也促进了西夏五台山文殊信仰的流行。西夏时期传承华严的法师、国师和帝师有：无大方广佛华严经中讲经律论重译诸经正趣净戒鲜卑真义国师，南无大方广佛华严经中传译经者救脱三藏鲁布智云国师，南无大方广佛华严经中令观门增盛者真国妙觉寂照帝师，南无大方广佛华严经中流行印造大疏钞者新圆真证帝师，南无大方广佛华严经中兰山云岩慈恩寺流通忏法护国一行慧觉法师等。[3] 在此背景下，乾祐二十年（1189），

[1] ［元］脱脱等：《宋史》卷四八五《外国一·夏国上》，中华书局，1977年，第13995页。
[2] 史金波：《西夏佛教史略》，宁夏人民出版社，1988年，第118页。
[3] 崔红芬：《西夏时期的河西佛教》，兰州大学2006年博士学位论文，第156页。

仁孝在大度民寺作求生兜率天内宫弥勒广大法会，其中在《观弥勒菩萨上生兜率天经》的发愿文中提到，当时刻印《普贤行愿品》五万册，分发给教徒诵读。"同年，皇后罗氏发愿又印施了《大方广佛华严经普贤行愿品》等。"天盛十三年（1161）还有僧人王善惠雕印《大方广佛华严经普贤行愿品》。[1]据《天盛改旧新定律令》记载，番、汉、羌僧人中，所属居士、童子及先前曾做过僧人中之坐主者，完整解说《般若》、《唯识》、《中观》、《百法》、《华严》、《起信》等佛经中的一部，知其前后大义，并且常做法事，则国师及先住坐主等，[2]这些需完整解说的多为佛经的"论"，"经"只有《般若》和《华严》两部，且当前遗存的西夏文佛经，《华严经》的刊刻数量仅次于《大般若经》，由此可见二者在当时西夏佛教体系中的地位及重要性。

　　另外，在敦煌莫高窟北区B53窟曾发现了西夏文刻本佛经《大方广佛华严经》，莫高窟196窟甬道南壁有划文四行："（第一行）：文殊菩萨之眷属五百九十……（第二行）：文殊菩萨之眷属五百九十……（第三行）：行愿者高……（第四行）：四月五日二□者神中来，我张惠富、白□我惠……"莫高窟196窟外室第一供养人划文"文殊"。莫高窟的第196窟甬道的北壁划文一行："普贤菩萨之眷属白五九十八摄也。"[3]甘肃武威出土的西夏文佛经中也有《文殊师利行愿经》等。1908年法国的伯希和曾从敦煌莫高窟第464窟中，掘获一件西夏文《华严经》，即唐实叉难陀翻译的80卷本《大方广佛华严经》的卷第四十。[4]

　　黑水城出土的西夏汉文佛经发愿文中也有表达相同愿望的。如俄TK142安亮等印施《大方广佛华严经入不思议解脱境界普贤行愿品》发愿文"是故畅圆融宏略者，《华严》为冠，□□5乐玄献者，净土惟先"。[5]发愿文用小字刻印，每行17—19字，写刻体，安亮等人伏愿报答王后的恩惠和已故父母的美德，并期望弥陀佛对他们去世的母亲永远慈悲，特嘱托施印《普贤行愿品经》一百零八卷并像七十二幅。还延请僧众诵读四大部经，梁武帝文和忏悔文；延请微寿僧诵读《法华经》、《大般若（经）》；延请诊义法师设药师琉璃光七佛供养；惠照法师、西天禅师提点等行诸法事。罗氏（夏仁宗章献钦慈皇后）印施《大方广佛花严经普贤行愿品》发愿文（1196）"繇是一偈书写，除五逆之深殃；四句诵持，灭三涂之重苦"。[6]类似内容的还有俄TK142安亮等印施《大方广佛华严经入不思议解脱境界普贤行愿品》发愿文。由此可见，文殊及普贤信仰在西夏

[1] 史金波：《西夏佛教史略》，宁夏人民出版社，1988年，第96页。
[2] 韩小忙：《〈天盛改旧新定律令〉中所反映的西夏佛教》，《世界宗教研究》1997年第4期。
[3] 陈炳应：《西夏文物研究》，宁夏人民出版社，1985年，第8页。
[4] 刘景云：《法藏敦煌西夏文文献的考订》，《敦煌研究》2008年第3期。
[5] 俄TK142，《俄藏黑水城文献》第3册，第233页。
[6] 俄TK98，《俄藏黑水城文献》第2册，第372页。

境内广泛传播和流行。

二、河西石窟与黑水城的西夏文殊变及普贤变

由于文殊与普贤信仰的流行，西夏遗存了诸多的文殊与普贤图像，以尊像画和经变两种形式为主。

（一）河西石窟

据《敦煌石窟内容总录》统计，敦煌石窟中现存有文殊变132铺、普贤变125铺，其中西夏时期绘制的二十余铺文殊变和普贤变，具体分布在莫高窟第6、206、351、408、460窟，以及榆林窟第2、3、29窟，东千佛第5窟，肃北五个庙第1、4窟，安西旱峡石窟（残）。

西夏石窟文殊变普贤变统计表[1]

窟　名　号	文殊变位置	普贤变位置
莫高窟第6窟	西壁盝顶帐形门南侧	西壁盝顶帐形门北侧
莫高窟第206窟		主室南壁
莫高第窟351窟	西壁门南	西壁门北
莫高第窟408窟	东壁门北文殊	东壁门南普贤
莫高第窟460窟	西壁门南文殊	西壁门北普贤
榆林第窟2窟	主室东壁中间	
榆林第窟3窟	主室西壁门北	主室西壁门南
榆林第窟29窟	主室东壁中间	主室西壁中间
东千佛洞第5窟	主室南壁	主室北壁
五个庙第1窟	主室南壁门东	主室南壁门西
五个庙第4窟	主室东壁南侧	主室西壁南侧
安西旱峡石窟	南窟北壁	南窟南壁

由于当前公开出版的各类敦煌壁画图册中，尚未见到莫高窟第6窟、206窟、351窟、408窟和460窟中属于西夏早期绘制的文殊变与普贤变的图像，相关研究有待于日后补充完善。但位于河西走廊也就是黄河以西地区的榆林窟、东千佛洞和肃北五个庙中的西夏文殊变与普贤变纷至沓来，内容情节发生变化，艺术创新成就较高。

---

[1] 内容源自《敦煌莫高窟总录》、《东千佛洞内容总录》和《肃北五个庙石窟内容总录》。

1.安西榆林窟

榆林窟又名万佛峡，位于甘肃省瓜州县（原安西县）城南70公里处。洞窟开凿在榆林河峡谷两岸直立的东西峭壁上，时代自唐开始，历五代、宋、西夏、元、清。从洞窟、壁画、雕塑等的形制内容和表现风格看，榆林窟是莫高窟艺术系统的一个分支，被称为莫高窟的姊妹窟，是敦煌石窟体系的重要组成部分。其中的第2、3、29窟中分别遗有西夏文殊变与普贤变。特别是榆林第3窟的西夏文殊变中文殊、善财童子、于阗王、圣老人与佛陀波利均出现，为敦煌所见有限的新样文殊五像之一。第29窟西夏文殊变中的文殊四像在敦煌地区也不多见。同属于西夏榆林窟第2窟出现的是早期传统文殊变形式，即文殊眷属中无驭狮人、无文殊老人、无佛陀波利。五个庙西夏第1窟的文殊变中，虽然画面漫漶，仍依稀可辨至少为新样文殊四像。

（1）第3窟的文殊变与普贤变

文殊变（图2-2-1）位于第3窟主室南壁的北侧，主要人物为新样文殊五像的人物组合。画面背景群山环抱，其间寺庙楼阁若隐若现。中景云海汪洋，文殊菩萨手持如意半跏趺坐于青狮背上的莲座上，与诸天菩萨巡行于云海之上。文殊双目下视，神情沉静，形象俊逸。象征智慧和威猛的青狮足踏青莲，步伐劲健。虬髯胡服的老年形象的于阗王狮奴用力拉着缰绳（图2-2-2）。文殊和周围的帝释、天王、菩萨、罗汉、童

图2-2-1　榆林窟第3窟文殊变　　　　图2-2-2　榆林窟第3窟文殊变局部

子等圣众，在翻滚的云浪之上汇成行进的行列。文殊的右边是左手持钵，右手执杖的异域僧人形象，应为佛陀波利。佛陀波利的前方帝释天头戴通天冠、冠带长垂，身着青缘大袖长袍，披巾、佩璎珞、束云锦蔽膝的绿色裙，双足着舄，俨然中国帝王形象，双手捧盘，盘中盛珊瑚、犀角、钱币和摩尼珠等侍于文殊前（图2-2-3局部）。帝释天左前方云端中化现一朵巨大的莲花，莲花中躬身立着全身裸露的童子，身体肥胖，项上戴项圈，双腕搭长巾，双手捧着一朵盛开的莲花，状甚虔诚，应为善财童子。画面下部的近景有几处树石、溪水。在文殊变的右下角的惊涛骇浪中，有一船，中央为船舱，舱中一有头光的人似在讲说，其余四人正聆听。

图2-2-3　榆林窟第3窟局部

普贤变（图2-2-4）位于第3窟主室南壁西侧。画面背景与文殊变类似，远景山势巍峨，山脚溪涧沟壑纵横，庙舍绿树掩隐。中景翻滚的云浪之上，普贤菩萨和圣众正在半空中驾云疾行。普贤头戴宝冠，面相丰圆，胸佩璎珞，臂腕饰钏，左手持梵箧，半跏趺坐于六牙白象背的莲座上，身上的巾带裙裾随风飘举（图2-2-5）；白象佩饰华美，步伐矫健，四蹄皆踏在莲花上；御象的昆仑奴秃顶、鹰鼻、深目，斜穿上衣，袒右肩，下着裤，双脚一前一后，双手紧拽御象的缰绳。在文殊的右前方分别是一世俗老者和两位天王的形象，其中世俗老者头戴黑色巾冠，满脸须髯，身穿交领阔袖束带长袍，曲背弓腰，双手合掌；两天王披盔贯甲，手执兵器，威风凛凛。在文殊的左边及前方，有两身菩萨、三身梵天、一身罗汉，菩萨或手持莲花，或手持如意，目光深远；梵天头戴通天冠，身穿世俗帝王袍服，或手执瓶花，或手托摩尼宝珠，或手执拂尘；罗汉浓眉、深目、高鼻、头发卷曲，满腮的胡须，手足均可见浓密的汗毛，体格健壮，背负大捆的经卷，是西域行脚僧人的形象，但其衣着却是十足的中原式，半臂、裙襦、着履，正是旅途中的装束（图2-2-6局部）。所有人物或神情专注，若有所思；或侧身回首，轻语交谈；画面中还有瀑布飞泉直泻而下，水中绽开美丽的莲花，海水的波纹也略为平缓，水面上往来的是巡海的夜叉。该图绘在经变左侧的波涛中，陡岸突起，一高出水面的平台上还绘有取经人物。

图2-2-4　榆林窟第3窟普贤变

图2-2-5　榆林窟第3窟局部

（2）第29窟文殊变与普贤变

文殊变（图2-2-7）位于主室东壁中间，主体人物属于敦煌新样文殊四像，即文殊、文殊老人、于阗王、善财童子，缺佛陀波利。画面背景群峰峭立如壁，从群峰的右后方由远及近地飘来一股云团，其上文殊及眷属侍从飘然而至。文殊面相长圆，肉髻高耸，并绘有头光和背光。内着僧祇支，外穿对襟窄袖法衣，右手执如意，结跏趺坐于青狮背上的莲座上。文殊的右边是一束巾、须髯、穿圆领绿袍、右手扶杖的老者，应为文殊老人。御狮的于阗王头戴尖顶双羽冠，两腮留着长长的须髯，身穿交领窄袖衣袍，右手紧拽御狮的缰绳，并顺势将缰绳的一头从右肩、脖后绕至左

图2-2-6　榆林窟第3窟局部

图2-2-7　榆林窟第29窟文殊变

前胸，由左手紧收几圈。暴躁的青狮将狮尾高高扬起，与乘云行进中处于静态的文殊及眷属形成鲜明的动与静的对比。画面的下端为双手合十回头看的善财童子。

普贤变（图2-2-8）位于同窟主室西壁的中间，画面与对面的文殊变基本相仿。普贤端坐于白象背的莲座上（头部已毁），白象四足踩踏红莲，头颈前伸，性情温和地与前面的引路童子相互凝视。御象的昆仑奴束发戴冠，袒右肩，穿绿袍红裙，腰间束带。左手紧拽的缰绳绕项上一周，上身随白象前倾，双脚作跨步前行状。普贤两边的圣众眷属共有十一身，左六右五。

（3）第2窟文殊变

文殊变为正面布局，画面呈狭长竖幅式，位于窟内正壁中央。画面中未出现驭狮的昆仑奴或于阗王的形象，应为与新样文殊相对的旧的传统文殊图像模式。壁画中文殊头光黑色，身光石绿色，戴精美珠冠，面相丰圆，身着天衣披帛，衣裙巾带和身后发辫向两边飘扬，手执如意，端坐于青狮背上的莲座上。青狮正面，头部鬃鬣毛发分披两边，怒目露齿，威风凛凛，脖颈与胸前饰有华丽装饰，前爪分踏在两莲花之上。文殊身后两边是戴高帽有头光的世俗老者和弟子，左右为胁侍的两身菩萨，青狮左右为天王两身。此幅文殊变在构图布局上别出心裁。以往文殊变中的人物和青狮多是侧面形象，此幅中文殊与狮子皆为正面形象布局。

图2-2-8 榆林窟第29窟普贤变

2. 东千佛洞第5窟普贤变（文殊变缺）

普贤变位于前室左壁（图2-2-9）。画面背景里峰峦叠嶂，山脚下地势平坦，广袤无垠。从画面看山水背景已退居次要位置，只占画面的1/4。在群峰背景前的半空中，有五朵祥云，分别承托着法螺、珊瑚、宝伞、金刚杵和宝珠。一股云气也由远及近从峰峦间蜿蜒而来，在画面的正中形成巨大的"S"形云团。云团上普贤螺髻高耸，发饰宝珠，耳饰重环，面相长圆，细目微合；胸饰璎珞，袒右肩，斜披黑缘赭色袈裟；右手托青莲花，莲花上置梵箧，半跏趺坐于象背的莲座上。象白色，六牙，性情温顺，四足踏在莲花上，正大跨步地向前行进。御象的昆仑奴头戴布帽，双眼上视，满脸的络腮胡须，其上身袒露，肌肉隆起，双手紧拽缰绳，碎步急行。普贤身边的圣众眷属已减至左右各三人，其中引路童子和世俗老者分列左右，两边各一身菩萨、比丘。

3. 肃北五个庙石窟第1窟

石窟形制为平顶，有中心塔柱。主室东、南、西、北壁分别宽3.7、4.3、4.0、4.6米，窟高2.5米。东壁北起绘曼陀罗、炽盛光佛经变、水月观音各一铺。南壁门上绘一跏坐佛二供养人二胁侍高僧及二侍童，门东绘文殊变，门西绘普贤变。[1]

[1] 王惠民：《肃北五个庙石窟内容总录》,《敦煌研究》1994年第1期。

图2-2-9   东千佛洞第5窟普贤变

　　绘于南壁门东的文殊变（图2-2-10），虽然壁画多已漫漶，仍隐约可辨为新样文殊
四像。画面远处似乎表现的是文殊菩萨的道场五台山，山林幽谷中隐约可见巍峨的寺院
庙宇。在山峰上方的天际，还画出云中化现的佛手、佛头等瑞像。画面主体依然是骑狮
的文殊，文殊的身后有头光和背光，在文殊的头顶有三色彩带状的云气，中间悬挂的华
盖下端有垂莲。文殊头戴尖顶珠冠，两端为钗状的如意装饰，并垂有流苏，文殊面相丰
圆，袒右肩，穿赭色袈裟，披石绿色长巾，左手执如意，以轮王坐姿端坐于狮背上的莲
花座上。此处的青狮被画作白狮，鬃毛翻卷，步伐矫健，昂首回眸，威风凛然。御狮
的于阗王身穿红色半臂交领衣袍，双脚侧步疾行。在白象的前面似乎还有一个双髻的形
象，可惜漫漶不清。文殊两边是众多的菩萨侍从，其中左边四身，右边五身。在两边的
最后方分别是双手合十的菩萨，头戴嵌珠的宝冠，面相长圆，两颐丰硕，胸前饰璎珞，
手腕戴钏，着白色衣裙，披石绿色长巾；菩萨前边两身分别着绿色或白色交领阔袖衣的
供养者形象，且双手托杯或盘，盘中有红莲花；在供养者之前，两边还分别各有一形

象，其中左边为留须髯、戴冠帽的老者，推测应是文殊老人。右边是袒右肩、着袈裟的比丘形象，是否为佛陀波利难以断定。在此比丘之前还有一人物。

在同窟南壁门西绘制的普贤变（图2-2-11），其画面背景中的深远苍穹，云雾飘渺，树木萧森，环抱着两座琼楼玉宇。一股由远及近的云气在画面前端形成了巨大的云团，云团正中普贤菩萨头戴高冠，身着绿衣红裙端坐于白象背上的莲座上，头顶上方还画有华盖和覆莲。普贤周围是众多的菩萨侍从，多双手合十侍立两旁，可惜所有人物面部因人为破坏已残损不清。

4. 安西旱峡石窟

旱峡石窟位于安西县标杆子山北麓旱峡口西崖，仅开两窟，呈西南-东北向排列，文殊变与普贤变均出现在南窟。南窟现存主要是西夏重修彩绘的佛教壁画。窟壁面积30.5平方米，壁画保存面积18.5平方米，彩绘文殊、普贤各一铺，巨型坛城图、千佛和西夏供养人画像、题记等。南窟南壁上沿彩绘千佛，中部左边靠窟门彩绘普贤变一铺，但仅残存0.75平方米，普贤骑白象，背有圆光，结跏趺坐于象背的莲台上。下部是云气纹，白地粉绿色图形。普贤右半身保存尚好，左半身已脱落。北壁彩绘文殊变一铺，残存0.7平方米，文殊骑青狮，背有圆光，下有云气纹，色彩同南壁普贤变，只残存左半身。[1]

（二）黑水城

黑水城遗存的西夏文殊与普贤图像既有中原风格，又有受西藏及印度尼泊尔影响的藏式风格，还有在二者基础上融入西夏民族形象与审美的西

图2-2-10　五个庙第1窟文殊变

图2-2-11　五个庙第1窟普贤变

[1] 李春元：《安西旱峡石窟》，《敦煌研究》1996年第2期。

夏风格图像。另外，黑水城遗存的文殊变基本上都是新样文殊。经变画面中除了主尊文殊外，还有文殊老人、善财童子和驭狮的于阗王，其组合或为文殊三像，或为文殊四像，均缺少佛陀波利。黑水城的西夏文殊与普贤图像，与敦煌莫高窟的文殊与普贤形象、侍从及构图等中原风格类似，除了白描尊像画与版刻供养文画像外，其余的文殊、普贤图像，在人物服饰及背景设色方面，色彩厚重，红色与蓝色、绿色等对比强烈，这些明显受藏式唐卡的画风影响（如图2-2-12），已呈现出较鲜明的藏式风格特点。

图2-2-12　俄藏黑水城普贤图像

纸本白描《文殊菩萨》为尊像画（图2-2-13），画中的文殊头戴天冠，披肩巾，佩璎珞，着长裙，右手持如意，人物形象及艺术表现均为中原汉式风格，尤其是线条的运用细劲挺括、干净利落。因画面下端残损，不知文殊端坐莲台还是乘骑青狮。黑水城遗有的文殊普贤图像中，还有文殊端坐在须弥莲座之上，而其坐骑狮子趴卧在须弥座前的地面上。与之类似的还有两幅普贤图像，普贤的坐骑白象趴卧在普贤须弥莲座束腰位置的壶门里或莲座下。

黑水城印本文殊供养文，即TK289文殊师利菩萨（图2-2-14），画面为上图下文。上图中主尊文殊左侧为戴高冠穿翻大领民族袍服驭狮的于阗王，右侧是曲背双手合十的善财童子。除此之外，其画面左右还有条幅式的边框，分别书写着"大圣文殊师利菩萨"、"普劝志心供养受持"。供养文的图下愿文"此五台山中文殊师利大圣真仪，变现多般，威灵叵测，久成正觉，不舍大悲，隐法界身，示天人相，与万菩萨住清凉山，摄化有缘，利益弘广。思惟忆念，增长吉祥，礼敬称扬，能满诸愿。普劝四众，供养皈依，当来同证，菩提妙果。《文殊师利童真菩萨五字真言》：'阿罗跛左曩。'《文殊师利大威德法宝藏心陀罗尼》：'唵阿味啰吽佉左。'对此像前，随分供养，冥心一境，专注课持，回施有情，同归常乐"。此幅文殊供养文印本与敦煌藏经洞流失到大英博物馆收藏的文殊四连张印本（图2-2-15）为同一版本，这一印本在藏经洞至少发现有50幅，可见当时此类新样文殊在敦煌的盛行，且还流传到了远在西夏北部的重镇黑水城，影响了黑水城的佛教艺术，成为两地之间图像传承的直接证据。另外，该印本画面与第220窟新样文殊画面基本一致，只是省去了文殊顶上之华盖和画面下方两角的供养菩萨。

与敦煌的经变内容类同，属于经变性质的《骑狮子的文殊菩萨》（图2-2-16）（X-2447，12世纪，卷轴，丝质，96×60厘米，藏于圣彼得堡的冬宫博物馆）为新样文殊中文殊四像。画面上文殊端坐于狮背莲座上，丰腴饱满的面庞3/4向左侧；身着红色衣，胸前及腕部饰有璎珞和腕钏，右手执如意，非通常所见的莲花或莲花上置一书。文殊的右侧有一深目直鼻，面容瘦削，头戴东坡巾，身穿圆领长袍，右手扶杖，左手执袍带的老者，应为文殊老人。文殊右侧为身穿红衣，面目清秀，颈、手、腿腕部带项圈或腕钏的善财童子。文殊莲座下的狮子回首怒吼，躯干上的肌肉块块凸起，其御者须发茂密的中亚人形象，为于阗王。与文殊相对的《骑象的普贤菩萨》

图2-2-13 俄藏黑水城文殊白描

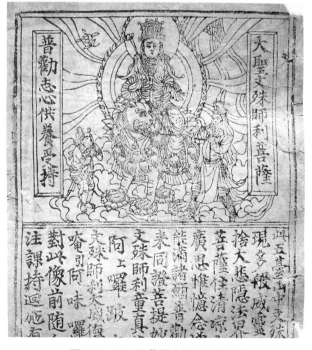

图2-2-14 俄藏黑水城文殊版画

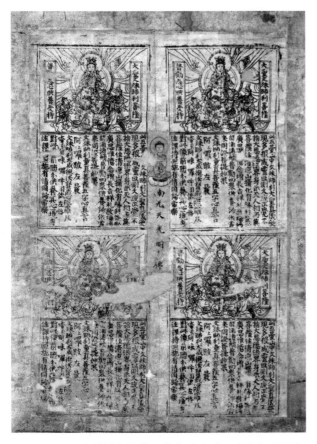

图2-2-15　大英博物馆藏五代印本文殊四连张文殊图像

（图2-2-17）（X-2444，12世纪，卷轴，丝质，103.7×57.5厘米，藏于圣彼得堡的冬宫博物馆），图中端坐于六牙白象之上的莲座上的普贤，面相服饰与文殊类似，左手结与愿印，右手执一三分枝的莲花，其上有一书，此为常见的文殊所持之物。普贤的头光上方有璎珞装饰的华盖，华盖两侧有正在飞升的飞天。普贤莲座右下方为头戴官高帽、身穿交领宽袖袍服、手执香炉的中原官吏形象。普贤左下方的童子容貌、穿着与文殊的善财童子类似。六牙白象的御者毛发卷曲，着裤赤脚。黑水城的这两幅文殊与普贤的形象、服饰、画面构图、艺术表现等，与敦煌基本一致，只是隋唐以来众多的随从护卫已精简至两三身。绘画方面，与中原艺术极为接近，主要运用线条勾勒，用笔流畅，衣带迎风飘举，有盛唐遗风，但文殊普贤的坐法、手印、冠饰及手中持物与唐代的传统截然不同。[1] 此外，还有一幅绢本《骑狮子的文殊菩萨》（图2-2-18）画面虽然漫漶，但依稀可辨为新样文殊四像。除了骑狮的文殊外，身旁的侍从大致可辨的有十位，其中包括高帽黑缘袍服的老人，戴金色高冠、着长靴驭狮的于阗王，双髻披帛带、着裤裸上身的善财童子。

小　结

西夏文殊变与普贤变，在传承敦煌经变基础上，不仅新增了取经人物画面，文殊变中还出现了敦煌地区流行的新样文殊中的三像、四像和五像，其中以三像居多。与此同时，也有敦煌早期即中唐以前眷属中无昆仑奴、于阗王的形式。由此可知，敦煌地区的新样文殊发展至西夏时期，新旧交替出现，既有新样文殊，又有旧样文殊的存在。且黑水城出土

---

[1] 台北历史博物馆：《丝路上消失的王国——西夏黑水城的佛教艺术》，1996年，第212页。

图2-2-16　俄藏黑水城文殊变　　　　　　图2-2-17　俄藏黑水城普贤变　　　　　　图2-2-18　俄藏黑水城文殊变

的印本文殊供养文图像与藏经洞中的印本版本一致，揭示了敦煌不仅对西夏河西石窟的文殊变与普贤变的发展产生了影响，其影响还波及远在西夏西北边境的重镇黑水城。由此说明，三地之间在文殊普贤信仰及图像方面存在着内在联系与发展的情况。

第三章　西夏观音经变

　　"观音"，是梵文 Avalokiteśvara 的意译，又译作"观世音"、"观自在"等，别称救世菩萨、莲花手菩萨等。观世音是大乘佛教信奉的菩萨之一，与文殊菩萨、普贤菩萨、地藏菩萨一起被称为四大菩萨，观世音菩萨位居第三，是我国百姓最崇奉的菩萨，拥有的信徒最多，影响也最大。他也是西方极乐世界教主阿弥陀佛座下的上首菩萨，同大势至菩萨一起是阿弥陀佛身边的胁侍菩萨，并称"西方三圣"。观音菩萨誓愿普度众生，以三十三种应身，遍游十方国土，随类现化，随机说法。遇难众生只要一心称念菩萨名号，菩萨就会及时观其音声而前来相救。

第一节　敦煌观音经变

一、观音经典的翻译与信仰

　　观音经典以天台宗的《妙法莲华经》为依托。其中《妙法莲华经》卷七第二十五品即《观世音菩萨普门品》，是观世音菩萨的专品，记载了众多观世音菩萨大慈大悲、救苦救难的事迹。其中长行部分的"拔苦"列举了火、水、罗刹、刀杖、饿鬼、枷锁、怨贼七种苦难，俾众生脱离苦难，成全生男、生女二求，终至拔除人心贪、瞋、痴三毒；长行部分的"与乐"，讲述世间众生，若受诸种苦恼，闻是观世音菩萨，一心称名，观世音菩萨寻声示现，以三十三种应身，遍游十方国土，随类现化，随机说法。除了《妙法莲华经》之《观世音菩萨普门品》外，还有东晋难提译《请观世音菩萨消伏毒害陀罗尼咒经》、北凉昙无谶译《悲华经》、刘宋昙无竭译《观世音授记经》、北周耶舍崛多译《十一面观世音神咒经》等也是以观音菩萨为中心的经典。

　　两晋南北朝是中国观音信仰发展的重要时期，在民众中得到了快速高效的传播，《观世音菩萨普门品》还逐渐发展成单行本，在河西一带广为流传，观音造像也大量出现。隋唐时期观音信仰在民间日趋兴盛，众多与观音信仰相关的民俗活动广为流行，乃至形成"家家阿弥陀，户户观世音"的局面。其后观音信仰开始净土化，可以看到以观音为主尊的观音经变画。与此同时，观音信仰也呈现出密教化的趋势，出现了千手观音、不空绢索观音、如意轮观音和马头观音等。

二、敦煌观音像与观音经变

佛教在传播流布的过程中，为了在不同的时空因缘下救度各类众生，产生了各种不同的教相、教法。而这种种教相、教法甚至有其矛盾之处，因此，后世对这些不同的教法产生了种种判教。如天台宗分释尊佛教为显教与密教，提出显密二教为同一教主之说法，故无差别，仅有浅深高低之不同。显教是佛陀教导众生权设的方便法门，须经三大阿僧祇劫，广修六度万行，始能得到成就无上正觉（佛道）。密教又称密宗，分汉密和藏密，是最深奥的秘密法门，密法能使有智慧的众生，在极短期间内，修集圆满福慧二资粮，而证得即身成佛。[1]

唐代是敦煌地区观音信仰普遍流行的时代，以《观音普门品》为题材的显密观音画像和观音经变大量出现。其中显宗观音头戴化佛冠，常作为阿弥陀净土及观无量寿经变中佛的左胁侍出现。密宗观音画像，包括十一面观音、如意轮观音、千手千眼观音、不空绢索观音、六臂观音、八臂观音等。[2]
遗存的显密观音形象多以绘画、造像和版刻等形式出现，观音经变则以敦煌石窟中的壁画最为集中，且始于六朝，盛于唐、五代、宋，终于西夏。

（一）观音像

显宗观音菩萨的标志是头戴"化佛冠"，如莫高窟隋代第276窟、唐代第17窟说法图中的观音菩萨头戴化佛冠（图3-1-1）。发展至唐代，头戴化佛冠的观音菩萨经常被画在龛外两侧，如初唐的第217窟、盛唐第320窟、晚唐第14窟，宋代第55窟、西夏第97窟等，多左手持净瓶，右手持杨柳枝。此外，唐代还创制了意境幽深的水月观音形象。据唐人张彦远的《历代名画记》载，周昉首创水月观音

图3-1-1　莫高窟唐第17窟观音菩萨像

[1] 吴信如编著：《台密东密与唐密》，中国藏学出版社，2011年，第174页。
[2] 史忠平：《莫高窟唐代观音画像的现存状态与分布》，《中国国家博物馆馆刊》2011年第8期。

图3-1-2　莫高窟唐第17窟千手千眼观音菩萨像

之体，运线劲简，设色柔丽，面相端严，水月观音身后有圆光及翠竹，画面呈现出"净渌水上，虚白光中，一睹其相，万缘皆空"的意境。

显宗观音像之外，密宗也有观音，分为汉密和显密两大派系。其中汉密包括如意轮观音、不空绢索观音、六臂观音、八臂观音、十一面观音、千手千眼观音（图3-1-2）、马头观音等，多出现在篇幅较大的经变画面中。代表作如莫高窟晚唐第14窟，榆林窟西夏第3窟、元代第3窟等。

（二）观音普门品变与观音经变

敦煌壁画中的《观音普门品变》和《观音经变》的内容，都是根据《妙法莲华经观世音菩萨普门品》绘制的。在艺术表现上，《观音普门品变》和《观音经变》两者之间的区别在于：前者一般是作为《法华经变》的一个附属部分或其中一品绘制的，没有脱离《法华经变》的主题而独立；后者则已经脱离《法华经变》主题而独存在，在经变的中心部位出现了观音的说法像，形成以表现观音为主题的经变。[1]

隋代莫高窟壁画中的《观世音菩萨普门品变》，可举出具有代表性的第303窟、第420窟。《观世音菩萨普门品变》绘制了救诸苦难及三十三现身。发展至唐代，出现了画面中间有观音说法的《观音经变》，如第45窟、第205窟，其中第45窟画面中间为观音菩萨立像，两侧为"三十三现身"、"有求必应"、"救苦救难"等情节画，其榜题有"火坑变成池"、"枷锁自落"、"商人遇盗"、"临刑得救"、"航海遇难"、"求男得男、求女得女"等（图3-1-3）。

吐蕃统治敦煌的时期是汉藏密教交流的重要历史阶段。在敦煌出土的吐蕃时期的观音经典写本中，既有来自汉地的观音经典，如《妙法莲华经观世音菩萨普门品》、《观音经》、《华严经》、《观无量寿经》、《般若波罗蜜多心经》等写本，也有密教经典如《佛说十一面观世音神咒经》、《千手千眼观世音菩萨广大圆满无碍大悲心陀罗尼经》、《千眼千

[1] 罗华庆：《敦煌艺术中的〈观音普门品变〉和〈观音经变〉》，《敦煌研究》1987年第3期。

图3-1-3 莫高窟第17窟五代观音菩萨变相　　图3-1-4 莫高窟第17窟北宋不空羂索观音菩萨像

臂观世音菩萨陀罗尼神咒经》、《观世音菩萨秘密藏如意轮陀罗尼神咒经》、《不空绢索咒经》、《不空绢索神变真言经》、《八大菩萨曼荼罗》、《大佛顶万行首楞严经》等。晚唐五代宋时期，在延续以往的内容与构图的基础上，晚唐第14窟、五代第99窟、宋代第76窟等，出现了密教形象的观音，如密教观音菩萨或变化身十一面观音、千手千眼观音、如意轮观音、不空绢索观音等。这些观音作为主尊形象出现，其两侧或画面中间辅以观音救难等场景，分别构成十一面观音经变、千手千眼观音经变、如意轮观音变经变和不空绢索观音经变等（图3-1-4）。

　　需要说明的是，莫高窟密教形象最早出现于西魏大统年间（535—551）的第285窟，此后在隋、唐、五代、宋、西夏、元等朝代的洞窟内均有密教形象的绘制，但此类密教观音形象及观音救难情节内容的出现，多与经典不相符合。[1]

第二节　西夏观音经变

　　西夏境内流行着诸多观音经典，其遗存的众多佛经中，尤以《妙法莲华经》的传世

[1] 沙武田：《〈观世音菩萨普门品〉与〈观音经变〉图像》，《法音》2011年第3期。

版本居多、形式多样，有汉文、西夏文，刻本、写本、泥金本和图解本等，这些经典多译自汉文或藏文典籍。

一、西夏观音经典与信仰

通过《俄藏黑水城出土文献》可知，仅俄罗斯科学院东方写本研究所收藏的黑水城出土的西夏文观音经典，就有《观世音菩萨普门品》、《圣六字增寿大明王陀罗尼经》、《大悲心陀罗尼经》、《十一面神咒经》、《佛顶心观世音菩萨经》、《佛顶心观世音菩萨经治病生法经》、《佛顶心观世音菩萨大陀罗尼经》、《圣观自主大悲心总持功德经韵集仪轨》、《番言圣观自主千眼千手之供顺》、《圣观自主之二十七种要论为事》、《圣观自主大悲心随燃施法事》、《圣观自主之因大供养净会为顺》、《圣观自主大仁心求顺》、《圣观自主意随轮要论手瑬定次》等。汉文观音经典有《观世音菩萨普门品第二十五》、《千手千眼观世音菩萨广大圆满无障碍大悲心陀罗尼》、《圣观自在大悲心总持功能依经录》、《佛顶心观世音菩萨大陀罗尼经卷》、《亲集耳传观音供养赞叹》等等。此外，英国国家图书馆东方部收藏的斯坦因所获黑水城遗书中也有较多的观音经典，虽然多是残页，但仍有汉文《妙法莲华经观世音菩萨普门品第二十五》、西夏文《圣观自在大悲心总持功德经韵集》、西夏文《圣观自在大悲心总持功德依经录》、西夏文《佛顶心观世音菩萨大陀罗尼经》、西夏文《汉文妙法莲华经观世音菩萨普门品》等等。除了以上收藏于海外的观音文献外，散落于国内的黑水城汉文文书里也有不少如《妙法莲华经观世音菩萨普门品》残页、《添品妙法莲华经卷六》残页和《千眼千臂观世音菩萨陀罗尼经神咒经卷上》残页之类的观音经典。[1]

除了黑水城地区之外，西夏境内故地内蒙古额济纳旗绿城遗址亦出土有西夏文刻本《圣观自在大悲心总持功能依经录》和《妙法莲华经观世音菩萨普门品》，敦煌发现的西夏文献里包含有不少西夏文本的观音典籍，法国国家图书馆收藏了伯希和在今敦煌研究院编号464窟发现的诸多西夏文刻本和写本文献，其中即有西夏文《千手千眼观世音菩萨大圆满无碍大悲心陀罗尼咒》残页。1958年，敦煌文物研究所还在莫高窟党河对岸的塔婆中发现了图文本的《妙法莲华经》。[2]1972年甘肃武威下西沟岘出土的文献中有蝴蝶装的《妙法莲华经》。[3]与此同时，西夏故地武威的天梯山石窟也发现有西夏文刻本《妙法莲华经》和《圣观自在大悲心总持功德依经录》残页，北京国家图书馆亦藏有

---

[1] 樊丽沙：《从出土文献看西夏的观音信仰》，《西夏研究》2013年第3期。
[2] 刘玉权：《本所藏图解本西夏文〈观音经〉版画初探》，《敦煌研究》1985年第3期。
[3] 甘肃省博物馆：《甘肃武威发现一批西夏遗物》，《考古》1974年第3期。

西夏《妙法莲华经》等。[1]从西夏故地遗存的数量巨大、版本众多的观音经典可知，西夏境内观音信仰颇为盛行。

二、西夏观音像与经变图

目前敦煌的莫高窟、榆林窟、东千佛洞和五个庙等中西夏时期的石窟中，出现了近60处汉藏观音像与经变图，其中观音像有水月观音、菩提树观音、四臂观音、八臂观音、莲花手观音、绿度母、观世音菩萨等。观音经变有观音济难、千手千眼观音变、不空绢索观音变、如意轮观音变、八臂观音变、十一面八臂观音变、四臂观音变等，其绘制风格汉藏并存与交融。

敦煌莫高窟：第30窟东壁门北有千手千眼观音变一铺；第117窟龛外北侧观音变一身；第164窟西壁龛外南北侧水月观音各一身；第234窟东壁门北不空绢索观音变；第235窟东壁门南如意轮观音变；第237窟前室西壁南北侧水月观音二铺；第354窟东壁门南不空绢索观音变一身、东壁门北如意轮观音变一身；第355窟西壁龛内南壁不空绢索观音变一身；第395窟南北壁观音经变各一铺；第460窟东壁门南千手千眼观音变一铺；第464窟南西北壁观音普门品。

榆林窟：第2窟西壁门南北有水月观音二铺，东壁两侧条幅观音济难；第3窟中心佛坛有观音像数身，东壁南侧五十一面千手观音一铺，东壁北侧十一面千手观音一铺；第6窟明窗券北壁补画四壁观音和西侧观音立像各一身；第29窟北壁水月观音二铺。

东千佛洞：第2窟中心柱南北向面有水月观音二铺，左甬道南壁菩提树观音，北壁八臂观音变一铺，南壁十一面八臂观音一铺，东壁门南三面四臂观音变，东壁门北三面八臂观音变；第4窟西壁塔形龛南壁观音一铺，后甬道东壁观音一铺（残），南壁十一面观音；第5窟西壁龛北壁水月观音、四臂观音各一铺，西壁龛南壁观音一铺，北壁观音变一铺，南壁如意轮观音、八臂观音各一铺；第7窟左甬道北壁下八臂观音，右甬道南壁下十一面八臂观音，后甬道北侧屏风一扇观音菩萨。

五个庙：第1窟北壁东侧有八臂观音，北壁西侧十一面千手眼观音，东西壁水月观音各一铺；第3窟南壁门东四臂观音一铺（残），南壁门西十一面千手眼观音一铺（残）；第4窟南壁门东西水月观音各一铺。

黑水城：俄罗斯圣彼得堡爱尔米塔什博物馆收藏有黑水城出土的九件观音唐卡和绘画作品，如《莲花手》（11世纪末至12世纪初，唐卡断片，棉制，76.5×25厘米）、《观音》（12世纪，卷轴，丝制，97.5×59厘米）、《十一面八臂观音》（12世纪，唐卡，

---

[1] 史金波：《西夏佛教史略》，宁夏人民出版社，1988年，第95页。

棉布，132×94厘米）、《观世音》（12至13世纪，唐卡断片，绢本，27×28.8厘米）、
《观世音菩萨》（12至13世纪，唐卡，绢本，59.7×46.3厘米）、《绿度母》（宝义年间
［1226—1227］前，唐卡，缂丝，101×52.5厘米）、《水月观音》（12世纪，卷轴，绘制，
101.5×59.5厘米）、《水月观音》（12世纪末至13世纪初，卷轴，棉制，68×48.8厘米）、
《水月观音》（13世纪，唐卡，布料，34.5×27厘米）。

（一）观音像

**图3-2-1　莫高窟第17窟晚唐至五代水月
观音菩萨像**

1. 中原风格观音

敦煌地区河西石窟壁画中的西夏观
音，多遵奉汉地造像传统，其风格技法由
晚唐五代发展而来，如最具代表性的水月
观音，形象与技法较以往更加优美成熟。

五代宋时期的水月观音遗存有敦煌壁
画和纸绢绘画（图3-2-1）。其中石窟壁
画中的水月观音，在坐姿持物上基本与英
法纸绢藏本相近，且背景在竹树、圆光、
花卉、凫禽、供桌的基础上，增添了直
立的山石形象。西夏时期水月观音纷至沓
来，主要以榆林窟第29窟、东千佛洞第2
窟及五个庙中壁画水月观音为主，创作数
量达十五幅之多，相当于五代、宋两个时
期的总和。

西夏水月观音壁画在技法、内容和形
象等方面有了大的发展和创新。首先将位
于石窟前室和甬道的五代宋水月观音，直接布局在主室重要的位置，画面增大，形象突
出，使得敦煌水月观音由以往附属和陪衬的地位跃升为主体表现对象（图3-2-2）。其
次，西夏时期的水月观音还在背景中增添了世俗生活中习见的月牙、小鸟、经箱、圈
椅，以及民间流行的神话取经故事人物。

2. 藏地风格观音

黑水城出土的西夏观音图像中，唐卡观音为藏传风格，遵循的是卫藏的绘画传统。
藏传绘画的观音与汉地绘画的观音，在造像特征等方面存在着巨大的差异，[1]如绿度母、

[1] 谢继胜：《西夏藏传绘画——黑水城出土的西夏唐卡研究》，河北教育出版社，2002年，第75页。

图3-2-2 黑水城出土西夏水月观音

图3-2-3 东千佛洞第2窟菩提树观音

菩提树观音、莲花手观音与四臂、八臂观音等。

东千佛洞第2窟壁画中还出现了持莲胁侍菩萨和菩提树观音菩萨，前者与黑水城所见数幅作品中的胁侍菩萨图像完全相同，戴单层镶嵌珠宝的五菱花头冠，后置黑色高发髻，身体呈三道弯式扭曲，双足并向主尊一侧；手臂较长，手掌宽大，身体满饰璎珞。菩提树下观音菩萨，眼眉细长弯曲，虽然与黑水城金刚座释迦牟尼佛右侧的胁侍菩萨如出一辙，头戴波罗冠，服饰姿态充满异域风情，其手攀树枝，S形身姿更显体态窈窕妩媚，但与典型的藏传佛教菩萨形象相比，在气质类型的塑造上，菩提树下观音却受到中原汉地审美趣味的影响，作品的构图有着中原意趣（图3-2-3）。

"度母"在藏传佛教中是观音的化身。藏传佛教观音化身救苦救难普度众生的本尊共有二十一尊，绿度母即二十一尊度母之一。度母信仰大约出现在6世纪北派佛教的神灵体系中，7世纪上半叶，度母信仰随尼泊尔尺尊公主传入吐蕃。8—12世纪，度母在大乘佛教中已占有非常重要的地位。11—13世纪绿度母图像已经出现了相当精美的作品，如被断代为11世纪的巴尔的摩福特所藏名为《绿度母》的卫藏唐卡。但"绿度母题材的作品多是唐卡、佛经插图等，而同时期的壁画则比较少见，所能查到的仅有卫藏

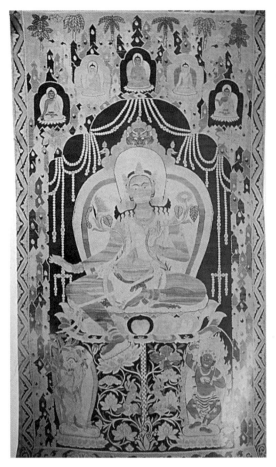

图3-2-4 黑水城西夏缂丝绿度母

的塘寺绿度母壁画及瓜州东千佛洞两幅西夏绿度母壁画，榆林窟的一幅元代的绿度母壁画，河西其他区如敦煌石窟、西千佛洞、旱峡石窟等均未曾见到相关题材的绿度母壁画"[1]，如黑水城出土的缂丝绿度母唐卡（图3-2-4）。

（二）观音变

西夏时期的观音经变主要出现在莫高窟第395窟、第464窟和榆第2窟。除了显教的观音经变此外，西夏时期还出现了藏传佛教密教的观音经变，如十一面观音经变、千手眼观音变、如意轮观音变和不空绢索观音变等。

1.显教中的观音变

莫高窟第395窟建于隋代，五代、西夏、清代重修，形制为人字披顶，西壁开一龛。其南北壁各画观音变一铺已残，两侧所存的普门品也因被穿洞毁去部分。莫高窟第464窟，建于西夏时期，元代重修。洞窟形制为覆斗形顶，东、南、西、北四壁皆设佛坛，其西壁、南壁、北壁皆绘有观音普门品。其中南壁面绘制的观音三十二应变，眷属有四大天王生、女主身、比丘尼身、童男童女身、药叉身等。西壁面绘制的观音三十二应变，眷属有佛身、声闻身、宰官身、帝释身、自在天身、大自在天身等。北壁面绘制的观音三十二应变中，具体形象有毗沙门天身、人王身、优塞婆身、天人身、居士身、长者身等。[2]榆林窟第2窟建于西夏时期，覆斗形顶，设中心佛坛。东壁中间画文殊变一铺，其上绘涅槃图，文殊变两侧条幅画观音普门品中的济难图（图3-2-5）。[3]

1959年在维修莫高窟岩泉河东岸喇嘛塔时，发现两件西夏图解本《妙法莲华经观世音菩萨普门品》，其一文图并茂互补，首尾完好，为现存海内孤本。另一图解本为木

[1] 史伟：《西夏河西石窟壁画中的绿度母探源》，《西夏学》第7辑，上海古籍出版社，2011年，第101页。
[2] 彭金章、王建军、敦煌研究院编：《敦煌莫高窟北区石窟》（第三卷），文物出版社，2004年，第66页。
[3] 霍熙亮：《安西榆林窟内容总录》，载《中国石窟·安西榆林窟》。

刻本梵夹装，扉页有版画《水月观音图》，经文上图下文，图文比例约为1∶4，采用我国传统的横卷式，由右至左展开。扉画中的观音为坐姿，形象构图与唐宋时期流行的水月观音类似，无边浩淼的波涛中一股云卷托起巨大月轮，观音头戴莲花化佛宝冠，颈间佩项饰，手腕戴玉镯。披帛由双肩而下。下身着长裙，跣足。上身微斜，左臂及掌撑地，右臂自然搭于右膝上。动态舒展自如，神情安祥恬静（图3-2-6）。

图3-2-5　榆林窟第2窟观音普门品局部

图解本西夏文《观音经》共有53幅插图，画幅高仅4厘米，左右横向的空间布局，所涉及的神怪和世俗人物约70左右。其中神怪人物和动物有：佛、菩萨、天王、夜叉、罗刹鬼、声闻、独觉、梵王、帝释、自在天、龙、乾闼婆、阿修罗、紧那罗、人非人、金刚、毒龙、雷神、雨师、风火神、地狱恶畜、蛇蝎等。世俗人物有：商王、强人、白痴、比丘、比丘尼、婆罗门、武士、妇女、童男、童女、刽子手、囚犯、将军、老者、小王、居士、宰官、优婆塞、优婆夷、恶人、怨贼、老人、病人等，组成了一系列的经变故事情节画面（图3-2-7），这种经变形式在敦煌也是绝无仅有。[1]

2. 密教中的观音变

敦煌石窟中密教遗迹异常丰富，仅绘制于洞窟内的密教经变和密教形象就多达数百幅，涉及的密教题材有数十种，其中绝大部分属于汉密，但亦有藏密。西夏石窟绘制的汉密观音经变有《十一面观音经变》、《千手千眼观音经变》、《如意轮观音经变》和《不空绢索观音变》。其中十一面观音经变分布在莫高窟第443窟主室北壁龛门东侧，东千佛洞第2窟南壁、第4窟南壁、第7窟中心柱外侧。千手眼观音变分布于莫高窟第30窟东壁门北、第460窟东壁门南，榆林窟第3窟东壁，五个庙第1窟北壁、第3窟南壁门西（残存）。如意轮观音变分布于莫高窟第235窟东壁门南、第354窟东壁门北。不空绢索观音变分布于莫高窟第234窟东壁门北、第354窟东壁门南、第355窟西壁龛内南壁等。

[1] 刘玉权：《本所藏图解本西夏文〈观音经〉版画初探》，《敦煌研究》1985年第3期。

图3-2-6　西夏图解本扉画水月观音

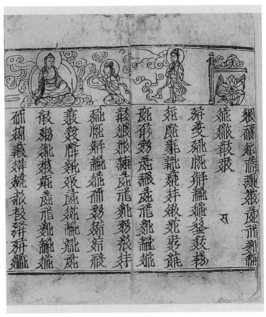

图3-2-7　图解本西夏文观音经

1. 汉密观音变

十一面观音经变是最早传入敦煌石窟的密教观音图像。十一面观音的经典主要有北周保定四年（564）天竺僧耶舍崛多译《十一面观音神咒经》，唐永徽四年（653）阿地瞿多译《陀罗尼集经》，唐显庆元年（656）玄奘译《十一面神咒心经》。唐不空译有三卷本《十一面观自在菩萨心密言念诵仪轨》等。[1]该经称"每晨朝时，如法清净，念诵此咒一百八遍。若能如是，现身获得十种胜利。何等为十？一者身常无病，二者恒为十方诸佛摄受，三者财宝衣食受用无尽，四者能伏怨敌而无所畏，五者令诸尊贵恭敬先言，六者蛊毒鬼魅不能中伤，七者一切刀杖所不能害，八者水不能溺，九者火不能烧，十者终不横死。复得四种功德胜利：一者临命终时得见诸佛，二者终不堕诸恶趣，三者不因险厄而死，四者得生极乐世界"。

敦煌绘制的一面初唐时的观音经变有7铺，经变中的观音眷属仅有数菩萨；盛唐与中唐时期共有4铺十一面观音经变，其眷属有日光与月光菩萨；晚唐敦煌石窟中密教形象骤然增多，十一面观音经变有7铺，出现于石窟中的重要位置，经变中眷属人数激增，出现天王、忿怒尊、龙王、婆薮仙、功德天、毗那野迦与金刚面天等，五代时还增加了常精进、不休息、延寿命等菩萨（图3-2-8）。但十一面观音经变发展至宋代较前

---

[1] 彭金章：《莫高窟第14窟十一面观音经变》，《敦煌研究》1994第2期。

代明显减少，仅见2铺，但西夏又陡然增至4铺。[1]其中莫高窟只有1铺，其余皆在东千佛洞第2窟南壁、第4窟南壁、第7窟中心柱外侧。

西夏十一面观音经变中观音均为坐姿，八臂居多，一个两臂，其眷属或五或不详，手持法物宝器与手印均不详。东千佛洞第2窟南北壁各绘一铺十一面八臂观音变（图3-2-9），其中南壁观音为坐姿，十一面自上而下为1、1、3、3、3式排列。同窟东壁门南、北还分别绘有三面四臂观音变、三面八臂观音变。第4窟南壁绘十一面观音，为坐姿，十一面自上而下为1、1、3、3、3式排列，东侧一铺漫漶。第7窟北向面下画十一面八臂观音一铺。[2]学者李翎于通过对大量十一面观

图3-2-8　莫高窟第17窟五代至北宋十一面八臂观音菩萨像

图3-2-9　东千佛洞第2窟十一面观音

[1] 宋艳玉：《敦煌石窟十一面观音经变的演变》，《艺术探索》2015年第4期。
[2] 王惠民：《安西东千佛洞内容总录》，《敦煌研究》1994年第1期。

音头像排列的对比，认为其存在两种像式系统：一种为横式，汉传密教多为此种；另一种为纵式，面相排列基本为5层，诸面大小相差不大，如塔般纵向排列，造像比较奇异，为藏传佛教特有。[1]

2. 千手眼观音变

千手千眼观音的佛教密宗经典很多，其中最著名、最流行的是唐代天竺高僧不空译的《金刚顶瑜伽千手千眼观音自在菩萨修行仪轨经》和伽梵达摩所译《千手千眼观世音广大圆满无碍大悲心陀罗尼经》。二者主要围绕着大悲心陀罗尼咒，讲述了观世音菩萨之所以为千手千眼的原因，以及诵咒所获得的功效等等。据说诵持大悲心陀罗尼神咒《千手千眼观世音菩萨陀罗尼神咒经》，可不受十五种恶死，而获得十五种善生，"如遇怨敌侵扰，百姓不安，大臣谋叛，疫气流行，水旱不调，日月失度，家内遇大恶病，百怪竟起，鬼神邪魔耗乱其家，恶人横造口舌以相谋害，室害大小，内外不和，至心念观世音菩萨，诵此陀罗尼，如上恶事悉皆消灭，永得安隐"。除此之外，还有"随诸众生类，执持杂宝物"的四十手法和千手千眼观世音菩萨总持身印、总持陀罗尼印、解脱禅定印、千眼印咒、千臂总摄印、通达三昧印、呼召天龙八部神鬼集会印、侨尸迎来问法印、欢喜摩尼随意明珠印、乞愿随心印、入灭尽定三昧印、请佛三昧印、辩才印、碎三千大千世界灭罪印、降伏三千大千世界魔怨印、广大无畏印、水精菩萨印咒、成就印、成等正觉印、呼召三十三天印、呼召天龙八部鬼神印、解脱印、自在神足印、神变自在印、请千眼观音王心印等二十五手印法。[2]

《千手千眼观世音菩萨陀罗尼神咒经》的内容大大超出了《观世音经》的内容，且经典中记载的千手观音为立像，在石窟壁画中却或坐或立。再者盛唐时期的第113、148窟千手经变主尊千手观音正大手所持之物和所结手印，基本上符合《千手经》规定。但从中唐开始，千手观音正大手就出现了诸如曲尺、秤、铜钱等的世俗社会用具，如五代后晋天福八年（943）的千手观音菩萨像等（图3-2-10）。

西夏时期开凿的榆林窟第3窟东壁南侧绘制有五十一面千手观音的六十二只正大手以及部分小手所持之物或手托诸行业的活动场面。"按类可分为人物（含佛教和世俗人物）、动物、植物、建筑、交通工具、生产工具、乐器、量器、宝物、宝器、兵器以及其他各种法物、法器。具体有：华盖、族旗、蟠、拂座、胡瓶、五色云、日精月精摩尼宝珠、宝莲华、宝镜、珍珠、玛璃、珊瑚、宝筐、宝螺、宝铎、宝印、宝钵、宝经、数珠、髓骸杖、玉环、矛、盾、宝剑、宝戟、斧械、弓箭、刀、锡杖、宝花、金刚杵、绢索、宝扇、大伞盖、笛板；锯、钉耙、锄、墨斗、剪刀、曲尺、熨斗、斗（或解）；龙、

[1] 李翎：《十一面观音像式研究——以汉藏造像对比研究为中心》，《敦煌学辑刊》2004年第2期。
[2] 彭金章：《千眼照见　千手护持——敦煌密教经变研究之三》，《敦煌研究》1996年第1期。

图3-2-10　五代千手千眼观音菩萨　　　　图3-2-11　榆林第3窟五十一面观音

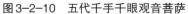

象、麒麟、牛、鸡、狗、鸭、鹅；筝、笙、排箫、荃模、阮咸、琵琶、手鼓、腰鼓、拨郎鼓、钟、拍板；佛塔、庙宇、宫殿、楼阁；船；杨柳枝、荷叶、宝树、棉花、芭蕉、葡萄、瓜果、香花等等。最有意思的是还有工农商艺诸行业活动的场面，如踏礁图、犁耕图、酿酒图、锻铁图、商旅图、舞蹈图等等"，总计一百六十余幅（图3-2-11）。

不空绢索观音，是密教六大观音之一，又叫不空奋怒王、悉地王、不空广大明王观世音菩萨、鹿皮不空绢索衣观音等。绢即网，索是一种渔猎具，类似绳索。"不空绢索"是以捕捉时从不落空的绢索来象征观音菩萨的慈悲之心，能在生死苦海中度脱众生，使他们到达涅槃彼岸，从不落空。有时，在菩萨像中会出现身披鹿皮的菩萨，也就是鹿皮衣观音。《不空绢索陀罗尼经》包括十六品，二十八咒。从该经内容和陀罗尼内容可知，供养不空绢索菩萨、持诵真言，则会除一切疾病、自然灾害，能使风调雨顺，人民安居乐业。此外，还会获得二十余种功德和寿终时没有痛苦的方法。这一系列实际的益处促使此经典进一步流传以及不空绢索信仰的盛行。[1]敦煌石窟有不空绢索观音变三铺：莫高窟第234窟东壁门北、第354窟东壁门南、第355窟西壁龛内南壁。

《如意轮陀罗尼经》的内容主要是讲观世音菩萨向佛宣说摩诃波头说摩旗檀摩尼心

---

[1]　唐李无馅译：《大正藏》第20册，《密教部》，No. 1096。

图3-2-12　东千佛洞第5窟如意轮观音

轮有大威力，能满足一切愿望，得佛许说念此咒及其功德。其中包含以药物辅助成就功德，是这部经最为独特的地方。[1]西夏如意轮观音变有三铺，前二者位于莫高窟第235窟东壁门南和第354窟东壁门北，其中莫高窟第235窟中唐建，西夏重修，覆斗形顶，设中心佛坛。东壁门南西夏画如意轮观音变一铺（残）。莫高窟第354窟西夏建，覆斗形顶，西壁开一龛，东壁门南画不空绢索观音变一铺，门北画如意轮观音变一铺。第三幅如意轮观音变位于东千佛洞第5窟（图3-2-12），其菩萨及眷属形象、画面构图布局为藏式风格，但其青绿设色及线条运用方面，显现出中原风格的影响。

小　结

在学习借鉴中原汉族佛教、吐蕃藏传佛教的基础上，西夏经变艺术面貌变得丰富而多姿，其西夏观音像与观音变汉藏风格兼具，形式变化丰富，也为莫高窟及河西地区的石窟艺术带来了新风。特别是图解本西夏文《观音经》经变形式，不仅开辟了横向连续绘制的先河，其上图下文的形式在敦煌历史上也是仅有的孤例。当莫高窟的西夏壁画遗存乏善可陈时，但在邻近的东千佛洞和安西榆林窟及北方的黑水城遗址出土的西夏经变艺术作品却异军突起，令人慨叹。

[1]　唐不空译：《大正藏》第20册，《密教部》，No. 1080。

第四章　西夏炽盛光佛变

第一节　莫高窟炽盛光佛信仰与经典

炽盛光佛，又称炽盛光如来，由于自身体毛孔发出炽盛之光明故有此名。炽盛光佛专门镇治日月五星罗睺计都慧孛妖怪恶星，其炽盛光力可令日、月、星宿等诸天神祇折服。唐宋时期，密宗炽盛光陀罗尼非常流行，认为持颂供养炽盛光佛图像可以攘除灾星恶曜等。又因炽盛光佛信仰是和九曜、十二宫和二十八星宿的占星术联系在一起的，唐五代宋时还出现了炽盛光佛及星曜组合在一起的绘画、雕塑等作品。

一、炽盛光佛经典与信仰

目前流传下来的有关炽盛光佛经汉译本的有：唐代不空译《佛说炽盛光大威德消灾吉祥陀罗尼经》，唐代失译的《佛说大威德金轮佛顶炽盛光如来消除一切灾难陀罗尼经》，唐代尸罗跋陀罗译《大圣妙吉祥菩萨说除灾教令法轮》，宋代遵式译《炽盛光道场念诵仪轨》等。[1]

据炽盛光佛经载，给"国王大臣及诸眷属及一切庶民"带来家国分裂、宿世怨家谋害等无数"灾难"、"不吉祥事"和"诸恶横事"，是由各种星曜天神"凌逼"、"侵凌"诸宿造成的。如《梵天火罗九曜》中九曜的罗睺星"一行年至此宿者凶……临人本命，忧官失位，重病相缠，财物破散丧服愁口舌……"土星"其宿最凶，偏临宫然及庶人，此宿贞慎疾病牢狱，君子重恶之年号曰土星，不欲犯之"。水星"主阴愁口舌盗贼牵唤"。金星"至有哭泣刀兵……与人为患"；计都"若临人名，官最多逼塞，求官不遂，务被迁移，官府相缠"；火星"必生口舌，疾病相缠……"而释迦牟尼往昔于娑罗树王佛所受炽盛光佛陀罗尼法，信徒若书写念诵《佛说大威德金轮佛顶炽盛光如来消除一切灾难陀罗尼经》，就能"消除一切灾难"、"灭除八万种大

---

[1]《佛说炽盛光大威德消灾吉祥陀罗尼经》，见于《大正藏》964号经；《佛说大威德金轮佛顶炽盛光如来消除一切灾难陀罗尼经》，见于《大正藏》963号经；《大圣妙吉祥菩萨说除灾教令法轮》，见于《大正藏》966号经。

不吉祥事"。具体内容有：

> 尔时，释迦牟尼佛，住净居天宫，告文殊师利菩萨摩诃萨，及诸四众八部、
> 游空大天、九执、七曜、十二宫神、二十八星、日月诸宿：我昔于过去婆罗树王
> 佛所，受此大威德金轮佛顶炽盛光如来消除一切灾难陀罗尼法……"若国界分野，
> 及男子女人，被诸天星辰，所临身形，但书写此经，志心受持读诵，常须护净。
> 此陀罗尼，一切如来同共宣说，能成就八万种大吉祥事，复能灭除八万种大不吉
> 祥事。若有国王大臣及诸眷属一切庶民，或被五星、罗睺、计都、彗孛怪恶诸宿，
> 凌逼帝座于国于家并分野处所属宫宿，灾难竞起；或土星侵凌或进或退，及宿世
> 怨家，欲相谋害。诸恶横事，口舌厌祷，咒诅符书，以为灾难，令诸众生，依法
> 受持，一切灾祸，不能为害，变灾为福，皆得吉祥。"[1]

或设道场供养炽盛光佛图像，也能"消禳灾难，导致祯祥……足以上福邦家，下佑
民庶"。

> "若国王大臣及豪富者，选取上处避喧远秽响绝之室及先非秽染，或新立堂
> 宇最为第一……净洁扫洒香泥涂地，随看广狭而安道场，于香坛上正面安释迦像，
> 以曼殊普贤观音像等从之，四方安护世天王像，坛中佛前安忿怒明王像，以设观
> 噜形对之，余绕四壁列诸星曜净居天等位，供养取意自裁，三供养者，并悬新绘
> 盖幡华，珍果名香饮食，种种精美竭诚尽力，若实贫乏亦随己所有尽出供养，无
> 令隐惜诳圣欺心。"

除了诵读和供养外，还有攘灾的仪式、咒语如《七曜攘灾诀》和《梵天火罗九曜》
等，前者包括真言、画像，以及具体的规范；后者则主要强调真言和画像的作用。在炽
盛光佛陀罗尼和攘灾方法的推动下，唐宋时期民间奉祀持诵炽盛光佛的盛况空前。宋洪
迈《夷坚志》中曾记载了一则念诵炽盛光咒的灵验之事，"瑞安士人曹毅，字觉老。少
出家为行者，其家累世病传尸。主门户者一旦尽死，无人以奉祭祀。毅乃还儒冠，后数
年亦病作。念无以为计，但昼夜诵炽盛光咒，一日读最多至万遍。觉三虫自身出，二
在项背，一在腹上。周匝急行，如走避之状。毅恐畏不敢视，但益诵咒，忽顶上有光如
电，虫失所之，疾遂愈"。[2]此外，《夷坚志》中还记载了李商老的故事，李商老因修造

---

[1]《佛说大威德金轮佛顶炽盛光如来消除一切灾难陀罗尼经》，《大正藏》卷一九，No. 964，第338页。
[2]［宋］洪迈：《夷坚志》甲志卷七，中华书局，1985年，第55页。

犯土，土宿小神作祟，全家病肿，以诵炽盛光咒而解。

二、星曜观念与炽盛光佛

由于涉及星曜观念及图像，炽盛光佛信仰与不同历史阶段的中外星占及中国的佛道思想、民间信仰等存在千丝万缕的联系。盛唐以后密宗有了快速的发展，作为一种修行方式，炽盛光佛和及星曜等信仰和崇拜，也空前兴盛起来。再加上"开元三大士"不空对相关经典的翻译，星曜图与炽盛光佛像的绘制，极大地推动了炽盛光佛信仰的传播和普及。

（一）星曜及图像

"曜"本义为日光，后称日、月、星为"曜"。中国自古以来就曾有"五曜"、"七曜"、"九曜"、"十曜"、"十一曜"、"二十八正曜"等。"五曜"，即"五星"，水、金、火、木、土五大行星合称。"七曜"为"太阳"、"太阴"、"辰星"、"太白"、"荧惑"、"岁星"、"镇星"，即日、月、水、金、火、木、土的合称。"二十八正曜"即紫微、天机、太阳、武曲、天同、廉贞、天府、太阴、贪狼、巨门、天相、天梁、七杀、破军、禄存、天马、左辅、右弼、文昌、文曲、天魁、天钺、火星、铃星、擎羊、陀罗、天空、地劫。"七曜"、"九曜"、"十曜"、"十一曜"及"二十八正曜"的创立是中国古代用来界定季节、编制历书，指导农业生产生活的，但后来被披上了占星术的外衣，认为天上的星象发生变化，就预示着其相对应地区要发生重大事件。后来又有了根据人的生辰所对应的星辰、星宿，来推占其尊卑贵贱、寿夭福祸等事宜。随着佛经的输入与翻译，将十二宫和二十八星宿联系在一起的古印度占星术也传到中国来，并与中国的占星术结合在一起。

古印度的梵历以九星配日，日曜（太阳）、月曜（太阴）、火曜（荧惑星）、水曜（辰星）、木曜（岁星）、金曜（太白星）、土曜（镇星）、罗睺（黄幡星）和计都（豹尾星）。唐开元年间（713—741）梵历传入中国，与中国的星曜理论交汇融合。出现了太阳、太阴、金、木、水、火、土及计都和罗睺等九位星君。再加罗睺示现的"长尾彗星"，合称"十曜"。"罗睺"、"计都"加"月孛"、"紫气"两"隐曜"共称"十一曜"。二十八"主星"即为"二十八正曜"。需要说明的是，古印度的曜神像是公元1世纪前后经希腊化天文星占而传入印度的，但其早期的星神形象是按照印度神的特点创造的。后来印度曜神逐渐从五曜扩充为八曜、九曜，其形象或坐或立或成行，并逐渐发展为带有不同发式和头冠的形象。随着佛教的传播，古印度星神画像通过佛经和其他艺术形式也传入了中国。虽然目前尚无法确定汉译佛经中的星神画像具体由印度星神画像中的哪一支发展而来，但其中的延续性还是很明显的，且可能还融合了中亚等地区的元素。[1]

　　根据《宣和画谱》、《图画见闻志》和《画继》等中的相关记载，早在南朝时期的梁朝就已经出现了对星曜图像的绘制，此后绵延至隋唐五代及宋元。如南朝梁画家张僧繇曾绘有"九曜像一、镇星像一、五星二十八宿真形图一"。唐阎立德绘"七曜像二"；阎立本"五星像二"；吴道玄绘"罗睺像二、计都像一、五星像五、五星图一、二十八宿像一"；王维绘"五星"；梁令瓒绘"五星二十八宿真形图"；杨廷光绘"星官、五星"；孙位绘"星官"；常粲绘"星官像"；曹仲元绘"九曜像"；陆晃绘"列曜图二"；张素卿绘"九曜"；孙太古绘《十一曜图》；武洞清绘《十一曜》、《二十八宿》太阳像二、太阴像二、金星像二、木星像一、水星像二、火星像一、土星像二、罗睺像一、计都像一"；周昉绘"五星真形图一、五星图一、五曜图一"等。五代时期，支仲元绘"五星图"；朱繇绘"金星像、木星像、水星像、火星像、土星像"；曹仲元绘"九曜像"；黄筌绘"星官像　水星、火星一轴"；陆晃绘"星官像　列曜二"；王齐翰绘"太阳、太阴、金星、水星、火星、土星、罗睺、计都"等。宋代韩虬绘"星官　水星、太阴像"；石恪绘"填星"；郭忠恕绘"九曜图"；李公麟绘"五星二十八宿像"；武宗元绘"火星、土星"等。

　　众星曜神像的绘制中，相继出现了炽盛光佛图像或炽盛光佛与众星曜并绘、并塑的情况。如下表：

时代	画家	位　置	形式	星　　曜	文献出处
唐朝	吴道玄	御府收藏	画像	炽盛光佛、辰星像一、太白像一、荧惑像、罗睺像二、计都像一、五星像五、五星图一、二十八宿像一	《宣和画谱》
	孙位		画像	炽盛光佛	《南宋馆阁续录》卷三[2]
宋代	高益	大相国寺行廊	画像	炽盛光佛、九曜	《图画见闻志》卷三
	孙知微	成都寿宁院	画像	炽盛光佛、九曜	《图画见闻志》卷三
	崔白	相国寺廊之东壁	画像	炽盛光佛、十一曜	《图画见闻志》卷四
	雍中本	圣兴寺天王院	塑像	炽盛光佛、九曜、二十八宿	《益州名画录》

---

[1] 李辉：《汉译佛经宿曜术研究》，上海交通大学2011年博士学位论文。
[2] 陈高华：《隋唐画家史料》，文物出版社，1987年，第394页。

（续表）

时代	画家	位　置	形式	星　曜	文　献　出　处
宋代	许侯	大圣慈寺	塑像	炽盛光佛、九曜、二十八宿	《益州名画录》
五代	朱繇		画像	炽盛光佛	《南宋馆阁续录》卷三[1]

　　因炽盛光佛具有教令镇服星宿的法力，目前发现的炽盛光佛图像四周除了五星（五曜或七曜、九曜、十一曜）、十二宫、二十八宿环绕陪侍外，还有黄道十二宫。黄道十二宫源自古巴比伦，与梵历及星曜神像一样，以佛教为载体从印度传入中国。出土于新疆吐鲁番的一幅唐代星占图写本残件，还残存着二十八宿中的七个星宿和十二宫中的天秤、天蝎、室女三宫。"这些星图之所以引人注目，原因就在于它使人们在中国的天文遗物中第一次目睹了二十八宿和十二宫两种体系的完整配置形式。"[2]此外，从室女宫的形象可以明显地看出，十二宫的图像不论在内容还是在画法上都已基本汉化了。黄道十二宫不仅在唐代吐鲁番地区，同时也在宋代中原地区及辽、西夏的广大地域中传播，并逐渐融入中国文化之中。[3]

三、星曜图像与炽盛光佛经变

　　敦煌有关炽盛光佛图像的绢画或石窟经变画，主要有藏经洞出土的晚唐绢画《炽盛光佛并五星》和《炽盛光佛与诸曜星官图》，莫高窟61窟甬道南壁西夏《炽盛光佛经变》和甬道北壁西夏《炽盛光佛经变》，肃北五个庙第1窟西夏《炽盛光佛经变》。此外，在西夏故地内蒙古额济纳旗黑水城和宁夏贺兰县宏佛塔还一共出土了三幅精美的《炽盛光佛经变》绢画。另外在山西、浙江、江苏等地出土的佛经插图、石刻中，也出现炽盛光佛图像等。这些图像多数将炽盛光佛与星曜等组合在同一画面中，其构图、内容及形象表现与唐以来的炽盛光佛变趋于一致，因而也纳入炽盛光佛变的范畴，以作相关拓展和对比研究。

（一）敦煌莫高窟唐代《炽盛佛并五星》及《炽盛光佛与诸曜星官图》

　　现存最早且有明确纪年的炽盛光佛画像是乾宁四年（897）正月八日张淮兴为画表庆神而作的"炽盛光并五星"绢画（图4-1-1），该画出自敦煌藏经洞，目前藏于大英

[1] 陈高华：《隋唐画家史料》，文物出版社，1987年，第394页。
[2] 冯时：《中国天文考古学》，社会科学出版社，2001年，第337页。
[3] 韦兵：《日本新发现北宋开宝五年刻〈炽盛光佛顶大威德销灾吉祥陀罗尼经〉星图考——兼论黄道十二宫在宋、辽、西夏地区的传播》，《自然科学史研究》2005年第3期。

图4-1-1　唐乾宁四年炽盛光佛绢画

博物馆。另同一出处的唐《炽盛光佛与诸曜星官图》(图4-1-2),藏于法国巴黎国立图书馆,其画面内容与前者一致,应是同一时期的作品。[1]但发展至五代时期,炽盛光佛变中的星曜已经从晚唐的五曜、七曜发展为九曜。

乾宁四年的《炽盛佛并五星》,其画面上由后方委蛇而来的一股五彩云气,在画面前端形成一个巨大的云团。云团之上,有诸星官随侍的炽盛光佛乘坐牛车,呈向画面右端行进之态。炽盛光佛半侧身向右。其面颊丰满,眉目修长,双耳垂肩,头上有青螺髻。内着黑色僧祇支,外斜披红色法衣,有钩纽,结跏趺坐于牛车车舆内的青莲花座上。炽盛光佛身光光芒四射,每条光束都由红黄蓝色绘成,色彩绚丽夺目。在炽盛光佛头部上空是各种珠宝装饰的红色华盖,盖缘的飞边和流苏正随风飘动。炽盛光佛乘坐的牛车装饰华美。车体红色,车轮巨大。车舆两侧挡板的上端分成四格,每格内用红黄蓝黑四种颜色绘有华美的

图4-1-2 法国巴黎图书馆藏炽盛光佛并五星图

花卉图案。在车舆的前部,横置一经案于炽盛光佛前,装饰精美,上置各种供品。车辕所驾的牛为黄色,犄角坚挺,牛眼圆睁,威风凛凛。黄牛身后右侧,从车舆前置的经案下探出一小牛头,偷窥上方。在黄牛头的左边,有手持细柄、顶端饰金环之锡杖的男子。身材瘦削,头顶挽髻,脸上有络腮胡须。上身斜披红色长巾,腰部束短裙,裸露的四肢戴有臂钏、腕钏和脚钏,其身份应为土星,"形如婆罗门,牛冠首手持锡杖"。[2]此处的土星为侧面像,没有戴牛首冠,但手中持锡杖。目前所见的炽盛光佛像或经变中的土星,还不曾见到骑牛的形象,且《梵天火罗九曜》插图中的木星,上身虽斜披印度式的长巾,但下身却穿着汉式的齐膝纨裤,由此可知,包括土星在内的九

---

[1] 赵声良:《莫高窟第61窟炽盛光佛图》,《西域研究》1993年第4期。
[2] 唐僧一行译著:《梵天火罗九曜》,《大正藏》第21册,第460页。

曜星神在形象的绘制上已慢慢发生了变化，表现出汉文化的影响。在牛车的后部还插有两杆饰有云龙纹的红色旌旗，正在风中翻卷。在炽盛光佛右前方的五彩云朵之上，一低一高为男女二星官。高处的女星官是水星，面部阔圆，眉修目长；结大双缠髻，有金饰物，在髻间还饰有一手遮眼的猴子；水星身着黑色圆领阔袖衣，下穿长裙；右手执笔，左手持簿"其神状如妇人，头戴猿猴冠，手持纸笔"，[1]"水其神女人着青衣，戴猿猴冠，手执文卷"。[2]低处的男星官是木星，为有须髯的老者形象，头戴黑色高帽，帽上饰有一金黄色的野猪头；身穿蓝色阔袖衣裙，双脚着高头舄；双手捧盘，盘中盛物"其神形如卿相，着青衣，戴亥冠手持叶果"。[3]在炽盛光佛的左边，站在前面怀抱琵琶的女星官是金星，面相丰腴、白皙，发髻上饰有羽毛华美的锦鸡形象；金星一身素白，领圆袖阔，裙长曳地。"形如女人，头戴酉冠，白练衣弹弦"。[4]金星后面是双目怒睁，形象可怕的火星，肌肉块块隆起，项上挂有项圈，手脚腕都戴有腕钏，且长有四臂：一手持剑，一手持戟，一手持绳索，一手提人头。"形如外道，首戴驴冠，四手兵器刀刃"。[5]

乾宁四年的《炽盛佛并五星》绢画只描绘了炽盛光佛和五星，还没有出现十二宫和二十八星宿。构图布局上，人物疏密有致，主体突出，特别是借助云朵的高低错落，在画面上将所有人物以上、中、下三种方式布局：除了木星和水星，其他人物全部面向牛车行进的右前方，加上人物脚下翻滚的云团和车后迎风舒展的旌旗，整个画面呈现出动中有静、静中有动的态势。表现手法上，重彩轻描，人物敷色既有浓彩重染，又有淡彩渲染，前者如炽盛光佛、水星、土星和火星；后者如木星与金星。又因运用了红黄蓝黑白以及赭红等色，色彩鲜艳，对比效果强烈，再加上炽盛光佛背后独具特色呈放射状的五彩身光，使整个画面形成了金碧辉煌的艺术效果，显现出一派晚唐的艺术风貌。

另外，学者孟嗣徽曾对炽盛光佛乘车巡行的动态结构以及炽盛光佛所乘牛车的图像来源等进行了梳理和探讨，[6]认为炽盛光佛"乘车巡行"应仿自中国神话中北斗大帝的"乘车巡行"，所乘牛车的原因与《五星及廿八宿神形图》中的土星骑在牛背上的转换不无关系，而李翎认为是源自中古以来印度所崇拜之西拔派之西拔神，即八臂三眼、骑白牛的大自在天的形象。[7]

[1] 唐僧一行译著：《梵天火罗九曜》，《大正藏》第21册，第460页。
[2] 唐金俱吒：《七曜攘灾决》，《大正藏》第21册，第449页。
[3] 唐僧一行译著：《梵天火罗九曜》，《大正藏》第21册，第460页。
[4] 唐僧一行译著：《梵天火罗九曜》，《大正藏》第21册，第460页。
[5] 唐僧一行译著：《梵天火罗九曜》，《大正藏》第21册，第460页。
[6] 孟嗣徽：《炽盛光佛经变相图像研究》，《敦煌吐鲁番研究》第2辑，北京大学出版社，1996年，第101页。
[7] 李翎：《〈大随求陀罗尼咒经〉的流行与图像》，《唐代国家与地域社会研究——中国唐史学会第十届年会论文集》，上海古籍出版社，2008年，第349页。

（二）宋代炽盛光佛经卷首扉画和苏州瑞光塔经咒插图

目前发现的北宋时期炽盛光佛经变为佛经卷首扉画插图和经咒插图两种。其中佛经卷首扉画插图为日本奈良县收藏宋开宝五年（972）《炽盛光佛顶大威德销灾吉祥陀罗尼经》中的星相图（图4-1-3），经咒插图为江苏苏州瑞光寺塔出土景德二年（1005）纸本刻版印刷的《炽盛光佛与九曜星官宫宿图》（图4-1-4）。这两幅炽盛光佛图像中，画面上除了十一曜外，还同时出现了黄道十二宫和二十八宿星官，这种中西两种星官体系并存的情况，无疑是外来形式中国化进程中的具体表现之一。

图4-1-3　日本藏宋开宝五年炽盛光佛图

开宝五年的《炽盛光佛顶大威德销灾吉祥陀罗尼经》是钱昭庆为其父祈福增寿而于四月八日浴佛节印造，其扉画的中心，炽盛光佛趺坐于牛车所载莲花座上说法，周围环绕的两僧人为侍者，头顶后有圆光的两武将为护法，另外十一个装束奇异者为十一曜天神。围绕中心的一圈云气，云气中绘有黄道十二宫的图形。从右开始依次为：白羊宫、金牛宫、双子宫、巨蟹宫、狮子宫、室女宫、天蝎宫、天秤宫、人马宫、摩羯宫、宝瓶宫、双鱼宫，十二宫排列呈一近似于圆的桃形。第三层是从云气中透出的毫光，将云气圈外的画面划分为23格，除最下面1格外，其余22格中均绘有1—3个写实星图和人形星神，二十八宿与人形星神错落环布于背光之中。开宝刻经扉画星图最大的特点是将中

图4-1-4　宋景德二年经咒

西方两种不同的星官体系，即二十八宿与黄道十二宫完整地画在一起，这是中西星象系统在中土碰撞融汇后，在开宝刻经星图上的同时显现。[1]

　　苏州瑞光塔发现的北宋景德二年雕版梵文经咒所绘的星象图，与河北宣化辽墓壁的画星图，共同点是均把中国古代的二十八宿和巴比伦的黄道十二宫画在一起；不同点是景德二年的经咒星象图中，二十八宿没有和十二宫结合起来，只是作为边饰画上去的（图4-1-4局部2）。十二宫不是排列成环形，而是排列成马蹄形（图4-1-4局部1）。但从形象看，经咒星象图和宣化辽墓星图上的十二宫大致接近，都是在一定程度上将巴比伦的黄道十二宫中国化了。[2]

————————
[1] 韦兵：《日本新发现北宋开宝五年刻〈炽盛光佛顶大威德销灾吉祥陀罗尼经〉星图考——兼论黄道十二宫在宋、辽、西夏地区的传播》，《自然科学史研究》2005年第3期。
[2] 乐进、廖志豪：《苏州市瑞光寺塔发现一批五代、北宋文物》，《文物》1979年11期。

图4-1-4　宋景德二年经咒局部1

（三）山西应县佛宫寺释迦塔辽代炽盛光佛版画

　　山西应县佛宫寺释迦塔建于辽清宁二年（1056），是目前现存最古老、最高大的木结构塔式建筑，1974年在释迦塔的抢险加固过程中发现一批辽代的瑰宝：《契丹藏》十二卷，辽代单篇刻经三十五件，其中就包括版刻《炽盛光九曜图》立轴画一幅（图4-1-5），现存画心纵120厘米，横62厘米，画面内容为炽盛光佛说法图。图中央形体高大的炽盛光佛结跏趺坐于莲台之上，面相端严，双手托法轮，佛的左、前、右绘有九曜——太阳、木星、水星、罗睺、太阴、金星、火星、计都、土星；左下罗睺驾御蛟龙，右下计都控驭神牛，服饰神态各异，并绘朱鸟、天蝎、巨蟹、金牛四像。这是目前我国发现最大的立轴木刻墨印着色佛画。其线条刻画熟练，风格遒劲凝重与流畅飘逸兼而有之，而且"此画整版雕刻，一次覆墨刷印而成。墨印后又填染红、绿、蓝、黄四种颜色，

图4-1-4　宋景德二年经
咒局部2

图4-1-5　山西应县佛宫寺释迦塔出土的《炽盛光九曜图》木刻版画

颜色搭配协调，重点突出，色彩艳丽，层次鲜明，画面气氛热烈，很有感染力"。[1]

从以上敦煌藏经洞、炽盛光佛经扉画、苏州瑞光塔和山西应县佛宫寺释迦塔的图像来看，炽盛光佛变的画面构图主要有两种形式：动态结构与静态结构。动态结构中炽盛光佛乘牛车正在巡行，周围簇拥着星曜或十二宫和或二十八星宿。如唐代两幅出自藏经洞分别藏于大英博物馆唐乾宁四年的《炽盛光并五星》和藏于法国巴黎国立图书馆的唐《炽盛光佛与诸曜星官图》的绢画，日藏北宋《炽盛光佛顶大威德销灾吉祥陀罗尼经》佛经扉画。静态结构如苏州瑞光塔出土的北宋雕版梵文经咒所绘的《炽盛光佛与九曜星官宫宿图》、山西应县佛宫寺释迦塔出土的辽版画《炽盛光九曜图》。虽然敦煌壁画中还未见宋代的炽盛光佛壁画，但苏州瑞光寺塔出土的《炽盛光佛与九曜星官宫宿图》，与莫高窟唐代壁画中的炽盛光佛变的图像模式一致，都是以空中巡行的方式出现，且佛炽盛光佛半侧面坐在牛车上，其周围的星曜从唐宋时期的五曜，逐步发展为宋代的十二宫、二十八星宿等。

第二节　西夏炽盛光佛经变

西夏是以游牧民族为主体的少数民族政权，与当时中原内地相比，无论是物质生活还是思想意识，都还处在落后的发展阶段。其原始的万物有灵的迷信思想不仅根深蒂固，并且又和巫术占卜紧密结合在一起。公元1176年，仁孝皇帝在甘州地区黑水河上修建了一座桥梁，就发布了《黑水河诸神敕》要山神、水神、龙神、树神及土地诸神听命于他这个皇帝。此外西夏人平常做事都要卜凶问吉，企图得到神秘力量的指导。《宋史》载西夏人"笃信机鬼，尚诅咒"，在战场上也遵守"出战率用只（单数）日，避晦

[1] 杨永德：《中国古代书籍装帧》，人民美术出版社，2006年，第349页。

日"。且西夏建国前也没有历法和历书，建国后与周边国家进行交流，国内藏历、宋历都十分流行。且历法中有关占星术的迷信思想会受到西夏的格外重视，尤其是频繁发生一些自然天象、世事变迁或自然灾害时，自上至下信佛佞佛的西夏人就寄希望于万能的炽盛光佛来攘星消灾。西夏文佛经中就有一部《佛说金轮佛顶大威德炽盛光如来陀罗尼》，"（1184年）由袁宗鉴等十七人印施"，"经末明确指出是'重开板印施'，可知以前已经雕版印施过"。[1]在西夏文《九星供养典》中，还有一首赞颂炽盛光佛的诗歌，译之如下："连光炽盛胜过于劫火，星宿攘之灭尽众邪魔，众圣上威德为最胜，瞻礼赞颂炽盛光佛尊。"[2]诗中把炽盛光佛看作是除灭邪魔的众圣中威德最大的，给予无限的崇敬，以至可能成为敦煌壁画中的独特题材。

因《炽盛光佛》是星占学和密教结合的产物。西夏同样极为重视与炽盛光佛密切相关的星宿。在党项人骨勒茂才编纂的西夏著名的辞书《掌中珠》中，有大量篇幅是在介绍星宿和辰星，如十一曜、二十八星宿、十二宫等概念。提到星辰名称的其他西夏文文献还有《大孔雀王咒经》，经中只提到九颗行星："啊，阿难陀，还有九颗行星，你要记住它们的名字，它们行走于星宿之间，能预兆痛苦和欢乐，衰败和繁荣，好和恶，它们是太阳、月亮以及火星、水星、金星、土星、罗睺和计都。"西夏文《九星供养典》为七言诗体，苏联西夏学专家聂历山只提供其中四颗星的原文，"一是罗睺星。诗曰：'势力足障日月光，威德四种皆为覆，福禄富贵令增益，为大罗睺重加赞'。二是计都星，诗曰：'威德炽焰照四河，势力最大却邪魔，福祸二星皆照管（？）为大计都重加赞。'三是木星，诗曰：'木之余气福德大，巡行四洲永为福，比见恶星令从顺，为紫气星重加赞。'四是土星，诗曰：'土之余气□恶相，四洲四隅皆为照，常年巡行兆凶变（？），为月孛星重加赞。'"[3]

对炽盛光佛的崇拜和信仰，最形象直接的表现方式为供奉、抄写或印制为数众多的能消禳灾星的炽盛光佛经文、咒语和画像等。目前发现的西夏炽盛光佛石窟经变画与绢画共六件，其中石窟壁画三幅，包括莫高61窟甬道南北壁各一幅、肃北五个庙一幅。绢画三件，其中一件为内蒙古额济纳旗黑水城遗址出土，另两件为宁夏贺兰县宏佛塔基址所出。此外，俄藏黑水城文献中，还有一幅西夏文刻本的《佛说大威德炽盛光佛诸星宿调伏消灾吉祥陀罗尼经》版画等，与唐宋辽相比，西夏的炽盛光佛变的画面构图中，既有静态的模式，也有动态的乘车巡行结构。

---

[1] 史金波：《西夏佛教史略》，宁夏人民出版社，1988年，第96页。
[2] 陈炳应：《西夏文物研究》，宁夏人民出版社，1985年，第35页。
[3] 陈炳应：《西夏文物研究》，宁夏人民出版社，1985年，第230页。

一、莫高窟及五个庙西夏炽盛光佛变

莫高61窟甬道南北壁炽盛光佛经变（图4-2-1），画面为长方形，画面中间为炽盛光佛，面相长圆，头顶有蓝色螺髻，前胸袒露，内穿金色缘边对襟衣，外披红色袈裟；右臂前伸，食指顶一金轮，左手置于腹前，端坐于装饰华贵的牛车舆里的莲座之上（图4-2-1局部1）。车舆的宽板饰有蓝色花卉图案，车舆的栏杆与车轮描金后又绘彩，显得金碧辉煌。车舆前后共有八位星官四周簇拥，其中形象较为完整可辨的有：车右前方的金星，头饰花冠，面形丰腴，金色花纹缘边的交领阔袖衣，怀中抱琵琶，双手是否在弹弦已不可辨认。金星身后为一武士像，满头红发倒竖，赤膊，胸饰璎珞，腰束蓝裙，右手托一物，左手高举弓和剑，全身向前倾，似正追随牛车疾行。牛车后方左右两端分别是日月二星，月星头戴花冠，冠前有大的金色饰物，面相也极为丰腴饱满，穿金色缘边阔袖衣，双手捧一轮圆月。日星头戴高冠，身穿黑色交领金色缘边阔袖衣袍，披蓝色帛，束蔽膝，著舄，双手托日，身体前倾衣带飘扬，作疾行状。牛车车舆后端，树两面云龙纹旌旗，旌旗也正迎风猎猎飘举。旌旗后一绿身四臂星神，一手持剑，一手持戟，一手持绢索，另一手提一人头，踏云奔随于后，可能是使人恐惧的火星。二十八星分四组，均头戴高冠，身穿交领阔袖衣，双手作拱，立于祥云中。十二宫也分别穿插其间，悬浮于虚空，可辨认的有双子宫、天秤宫、天蝎宫、摩羯宫、巨蟹宫、双鱼宫、金牛

图4-2-1　莫高窟第61窟甬道炽盛光佛变

宫、双女宫、人马宫、宝瓶宫十宫，其中双女宫（图4-2-1局部2）所绘的两位少女，头中分，两侧梳下垂至肩小辫，身着右衽交领窄袖长袍，两手腰腹前互抄袖口内，足穿小靴，为少数民族形象装扮。另外的白羊宫、狮子宫残缺。佛及诸星官都有祥云承托，云彩之外皆为蔚蓝色天空，表示炽盛光佛在空中巡游，随时随地消除各种灾难，降福人间。该幅经变艺术成就较高。整个画面呈独特的长方形，主体形象呈动态结构。画面局部上与晚唐的绢画类似，乘坐牛车的主尊以及环绕的星曜多采用半侧面状态，但场面宏伟壮观，风起云涌，龙旗猎猎，人物衣带飘扬，造型庄重端丽，敷彩浓重，整幅壁画用"兰叶"、"铁线"两种线描交替勾勒，朱墨之外间或贴金，颇有唐画灿烂富丽的遗风。

　　肃北蒙古族自治县境内五个庙中，第1窟东壁北起绘曼陀罗、炽盛光佛经变、水月观音各一铺。[1]其炽盛光佛经变与该窟西壁的弥勒下生经变相对，构图形式比较相似，但由于残损仅能见到经变的上半部分（图4-2-2）。另外，此幅经变或许是画在石窟内较为宽阔的墙壁上的缘故，因而在构图布局上较前举西夏时期的绢画松散。首先，画面分为上下两部分，下半部分中处于中心的主尊炽盛光佛形象相对缩小，但佛与头顶黑色虚空中悬垂的覆莲和华盖形成整个画面的中轴。佛顶有蓝色肉髻，双耳垂肩，面相长圆，两腮丰满，

图4-2-1　局部1　莫高窟第61窟炽盛光佛变

图4-2-1　局部2　莫高窟第61窟炽盛光佛变

[1] 王惠民：《肃北五个庙石窟内容总录》，《敦煌研究》1994年第1期。

图4-2-2　五个庙炽盛光佛变局部

立鼻宽直，眉目唇极为细小，特别是下视的双目，几乎眯成线，神态安详、温和；内斜穿僧祇支，外披红色袈裟；左手执一金轮于腹前，右手上举，掌中又托一金轮，结跏趺坐于莲花座上。围绕主尊的星曜虽然因画面破损具体数目不清，但较为清晰的四身在主尊左右对称分布，人物间距较大。其次，与之紧接的上半部分为左右对称的两股云团，蒸腾的云气在黑色的虚空中各自向画面左右两上角飘升，云团上各托浮起十四位星宿，均头戴冠或束髻，身穿阔袖长袍，双手于胸前持笏板。星宿之上为稀疏错落悬浮的十二宫，左右各六宫，可辨认的有"双女宫"、"秤宫"、"瓶宫"、"金牛宫"、"蟹宫"、"蝎宫"等。这幅经变虽然在风格上略显粗率，"晚唐至蒙元间所见的敦煌不多几幅炽盛光佛经变，均为横长方形画面，主尊半侧面坐牛车上，手顶一只金轮，但此幅炽盛光佛经变则为纵长方形画面，主尊正面坐，两手各执一只金轮，颇为不同"。[1]此外，在人物的面貌特征上，炽盛光佛面相长圆，眉目口唇极为细小，有西夏党项少数民族的特征，且画面中炽盛光佛的位置降低，神态和蔼可亲，双手都持有祛魔攘灾的金轮，这也是西夏画师超人想象的一大创造，反映出炽盛光佛信仰在西夏民族中的巨大影响力和亲和力。但因为部分画面破损，炽盛光佛是否乘牛车不得而知。

---

[1] 段文杰主编：《中国敦煌壁画全集10（西夏、元）》，天津人民美术出版社，1996年，第51页，图版124文字。

二、贺兰宏佛塔出土的绢画《炽盛光佛变》

贺兰宏佛塔出土的两幅《炽盛光佛经变》绢画，其中一幅（图4-2-3）画面长139厘米、宽80厘米：虚空中云气蒸腾，云浪翻滚，一股五彩云气由远及近，在画面的中下部形成巨大的云团，云团的边缘似倒置的彩虹，簇簇云朵正在上面涌动。在云团的正中即画面的中心位置绘主尊炽盛光佛，佛上空绘有宝珠璎珞装饰的华盖，身后有头光和身光，头顶有青色尖顶肉髻，面相阔圆，神态温和安详，袒右肩，斜披底色为红色、上有金色圆形图案装饰的袈裟，结跏趺坐于须弥座台上的青色莲花座上，在须弥座台的束腰处，绘一朵盛开的莲花和两个扛荷的裸体童子，形象颇为生动可爱。在须弥座台下方的中间绘土星，形象为一老年婆罗门，背对画面，稍稍右侧回首，头戴牛首冠，冠后垂两条红色长带，面相清癯，须发皆白，上身披云肩，穿黑色阔袖衣，下着红裙，腰间蓝色束带，垂在身后。在土星的脚前有一铺有台布的圆形小供桌，桌上有供品。土星的左右两边为水星和金星。二者均为青年女性形象，面相丰圆润泽，眉修且细，樱唇；上身分别外穿红色和黄色半臂，内着黑色交领阔袖衣，腰束红罗裙，肩上有披帛，服饰华美。水星左手持簿，右手执笔，脚前有一立猴，正双手捧砚台等候。金星左手托一物，脚下绘有一只鸡。在水星和金星的背后，绘二武士形象，神态、动作各具情态。其中水星身后的武士为罗睺，耳挂环，面相略显臃肿，五官拥挤在一起，双唇紧闭；黑色长发向后上方扬起，头顶部盘有一条蛇；上身袒露，肤色发青，胸肌肥大，腹部外突，腰间蓝色长带束红色短裙；其双腿并拢，双膝略曲，两只赤脚也紧紧靠在一起，右手持宝剑，左手抚剑刃，目视作前方，表现出犹豫不决的神态（图4-2-3局部）。金星身后的武士形象为计都，头部左侧上仰，头顶中间秃发，四周蓄留的长发呈绺状，并和额部上方所系的红色系带的尾端一起向左后方飞扬，其面部圆硕，突眉深目、鹰鼻，颌下有须髯，神情威猛暴烈；同罗睺一样，上身袒露，肌肉隆起，腰系红裙，巾带飘扬，双手倒提一把宝剑，突然回首怒视上空。二武士身后两身分别是世俗文臣打扮的木星和紫无形象，二者均头戴黑色高顶布帽，脑后系带，唇上有髭，颌下有须；身穿交领阔袖长袍，袍上有圆形图案装饰，双手于胸前持笏板。紧靠须弥座台绘有日星和月星。日星为男像，头戴高冠，身穿交领红色长袍，双手托举一红日。月星为女像，头戴红色花冠，面容清秀，着红色交领衣，肩有披帛，双手托举银色圆月。日星月星之后还有二武士像。月星身后的武士应为月孛，头顶束发髻，上身袒露蓝色肌肤，肌肉隆起，腰系红裙，右手持长柄兵器，左手托举一物。日星身后的武士为火星，黑色长发缕缕倒竖，发髻中间饰有驴头，面相阔圆，上身袒露，肌肤黝黑，胸前系白色细带，腰束红裙，手执兵器已模糊。在主尊炽盛光佛的左右及上空，还绘有祥云、星宿和十二宫。星宿多已漫漶不

图4-2-3　宏佛塔炽盛光佛变　　　　　　**图4-2-3　局部　宏佛塔炽盛光佛变**

清；六朵祥云之上，分别站有七尊立像，均头戴高冠，身穿蓝色或红色长袍，双手执笏板。十二宫圆形轮廓内依稀可辨认的有白羊宫、狮子宫、双女宫、双鱼宫、天蟹宫等。绢画的中心位置为结跏趺坐于莲座之上的主尊，十一曜呈半环状环绕前方，左右及后方为十二宫和二十八星宿。但细节处理上有自身的特点。首先，主尊形体增大，十一曜相对缩小；在主尊炽盛光佛的左右及后上方，十二宫每边各四宫，在左、上、右三个方向上，呈纵向—横向—纵向排列，形成一个"∏"形；在"∏"形内部，二十八星宿分为六组，左右各三组纵向排列，且每组星宿下有祥云承托，上有火焰形的云气围绕。画面在整体布局上，前后主次分明，人物组合大小相间，尤其是前部的主尊和十一曜，在虚空中由一股五彩的云团托起，这种云团样式和安西榆林窟29窟东、西壁上文殊变和普贤变的云团相似。在表现手法上，敷色与线描并重，色彩上运用了红黄蓝黑等主色调，虽然画面有些漫漶，但色彩依然鲜艳夺目。人物采用了游丝描和铁线描，使得神情刻画细致入微，衣带裙裾也随风飘扬。这幅绢画还有一个比较突出的特点是，主尊炽盛光佛斜披红色的袈裟和木星、紫无穿的黑色交领阔袖衣上都有金色圆形装饰图案，这种情况很少见。此外，十一曜星神手持物已有改变：土星手中没有执杖；金星也不再怀抱琵琶拨弦，而且她和水星象征性的冠饰鸡和猴，从头上移到了脚下，这是西夏画师的一大创造；月孛为男像武士，左手也托一不明物。

同地出土的另一幅画面长120.5厘米、宽61.8厘米的《炽盛光佛经变》（图4-2-4）绢画。画面正中为形体高大的主尊炽盛光佛，画面下部围绕着众星官，主尊的左右及上方为虚空，绘有十二宫和二十八星宿。炽盛光佛面相宽圆饱满，眉毛犹如新月，端庄而修长，细目直鼻，双耳垂肩，青色螺髻。袒右肩，内斜穿赭色僧祇支，有卷草纹缘边，外披红色袈裟，左肩悬钩纽，结跏趺坐于饰有诸多壶门座台的青莲花座上。在莲花座的两端共有十一位星官。左边偏中且面右背左的侧身像为土星，穿红色长袍，上罩豹纹坎肩，腰间束带；弓腰曲背，老态龙钟，其头部稍稍上抬，似与对面的水星对视，圆形头光呈透明状。土星的两边是金星和水星。二者均为面容清秀姣好的女子形象，金星头饰花冠，穿交领衣裙，肩有披帛，怀抱罩有红色布套的折颈琵琶，正回首注视着身后咆哮的罗睺（图4-2-4局部）。水星头顶右侧绾发髻，中间束红色丝带，两侧鬓角有饰物；身穿黑色交领衣，下露红裙；右手持笔，左手执卷簿，目光似与右前方的土星对视。金星和水星的两侧分别是罗睺和计都。罗睺头戴冠，冠后黑色茂密的长发全部倒竖起来；面部呈咆哮狰狞状，其怒视的双目圆鼓外突，张着的巨口，犬牙外露；上身袒露，肌肉突起；腰束短裙，赤足；右手握剑，左手抚剑刃，似与对面的计都较劲。计都神情呈畏惧退缩状，上身往后倾；双眉紧锁，双唇紧闭，双眼露出无奈的神色。在金星和水星的身后是头饰日月的日星和月星，二者皆戴冠，月星为女像，手捧一玉兔；日星穿交领阔袖袍服，双手持笏板。日月星身后均为双手持笏板，身穿交领阔袖服饰的男像星官，分别是紫无和木星。在他们的身后是二武士形象。其中左边的武士为月孛，头发蓬起，面部两腮肥硕，竖八字眉，圆瞪的双睛白多黑少；上身袒露，肩披红色帛带，左臂夹长戟，右侧首正注视着右手掌中托的一块太湖石。右边武士为火星，高高蓬起的发髻中饰有一驴头形象，上身袒露，肩上斜披红色帛带，右手持长柄兵器；头部稍稍右侧，脸相短圆丰硕，紧锁的双眉与双眼蹙在一起，目不转睛地似注视着对面月孛手中托举的太湖石。

主尊炽盛光佛左右上方的虚空中，十二宫的分布很有特点：除了左右两边各有对称的两宫竖向排列外，其他八宫分成三组，在佛身光的顶端呈放射状纵向排列，宫的数目分别为三、二、三。而二十八星宿分成四组，每组七位为立像，分别由四朵祥云托浮，穿插于十二宫形成的行列空隙中，也几乎接近放射状排列效果，可见这样的布局是西夏画家经过深思熟虑后的结果。惜十二宫仅存圆形轮廓，具体画面已漫漶不清，二十八星宿也只能大致分辨出其头部戴冠、身着交领衣袍，双手拱于胸前。此幅绢画与前几幅相比，主要的表现手法是焦墨薄彩，塑造人物形象的线描艺术在运用和表现上极为突出。在以前高古游丝描和铁线描的基础上，又加入了钉头鼠尾描、兰叶描和折芦描，特别是

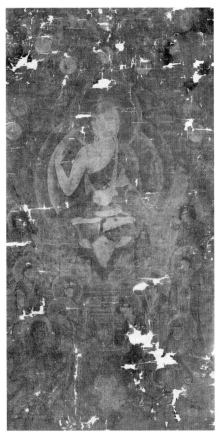

图4-2-4   宏佛塔炽盛光佛变   图4-2-4   局部   宏佛塔炽盛光佛变

武士形象装扮的月孛和罗睺的刻画，衣纹随人物动作的疏密转折，巾带裙裾迎风招展，大有"吴带当风"的艺术效果。此外，人物的神情动作刻画也十分传神，与前面的炽盛光佛绢画相比，注重人物之间神态动作的呼应，如罗睺和计都、金星和罗睺、土星和水星、月孛和火星等，虽然是十一位曜星簇拥在一起，但又各具情态，或嗔或怒、有说有听，冷静旁观者与悄悄窥视者神情异然，超然物外者与内心专注者又大相径庭，整个画面在静谧的氛围中充满了灵动之气。

三、黑水城星曜图像与西夏炽盛光佛变

　　俄国收藏的黑水城出土的西夏绘画作品中，"其中20幅一组的表现星宿神的绘画（包括俄罗斯科学院东方学研究所圣彼得堡分所收藏的4幅左右）仍未被发表。这些人们对其构图和图像演变尚不知情的一批绘画承载了11世纪至14世纪中亚和汉地星宿崇拜流行的明证"。[1]

---

[1] 萨玛秀克著、谢继胜译：《西夏王国的星宿崇拜》，《敦煌研究》2004年第4期。

　　藏于圣彼得堡冬宫博物馆的一幅卷轴丝制绢画《炽盛光佛经变》(图4-2-5)，画面中央上半部绘炽盛光佛，头顶有青色螺髻，面相丰圆，双眉细长；内着白色袒胸僧祇支，穿对襟、缘口为金色卷草纹饰的青色法衣，外披红色田相袈裟；结半跏趺坐于须弥座上的青莲花座，双手持法轮，结三昧印，交叠放于膝上。炽盛光佛的头光为青色，头光的边缘有红色的火焰；身光为几乎透明的淡青色，身光的边缘有白色的祥云装饰。在炽盛光佛莲花座的前端，是服饰如帝王、王后的日月星官，均双手持笏，其中日星手和面部肌肤为红色，月星头部装饰异常华丽精美；土星立于日月星官中间，深目、尖鼻、满脸的络腮胡须；头上饰有牛头形象；豹纹云肩，红色衣裙，腋下扶杖，手持香炉。"土其神似婆罗门色黑，头戴牛冠、一手拄杖，一手指前，微以曲腰。"[1]日月星官的后方，分别是手持琵琶的金星和执笔的水星，二者的发髻也分别饰

图4-2-5　俄藏黑水城炽盛光佛变卷轴画

图4-2-5　局部1　俄藏黑水城炽盛光佛变卷轴画

[1] 唐金俱吒译：《七曜攘灾决》，《大正藏》第21册，第449页。

有金鸡和"一只猴子、两只紧那罗、两只鸟"。[1]金星一身素衣，右手拨弦，水星青衣红裙。金星和水星的身后是手持笏板的木星和紫无，面部均留有须髯，身穿交领官服（图4-2-5局部1）。在这二者之后分别是直发后垂、肩部裸露的月孛星，和怒发竖起、面部凶恶、头上饰有驴头、手持人头和戟的火星，其中火星赤面金发，发呈放射状与头光重叠，顶戴驴冠，怒目硕口獠牙。"火其神铜牙赤色貌，带嗔色，驴冠，着豹皮裙。"[2]其中月孛星为女像，而同为黑水城出土的星神尊像画《月孛星图》中，月孛为男像，二者的发式基本相同，都是从额前起头发全部后披，只是男像的月孛星在两腮和唇角各留有两绺长发和两绺长须。[3]在画面下部的两角还有手持宝

图4-2-5　局部2　俄藏黑水城炽盛光佛变卷轴画

剑、上身祖露的罗睺和计都星，他们赤目硕口，面色或青或黑，形象狰狞可怕；在蓬起的黑发间还分别饰有三四条正伸颈盘旋的白色小蛇。在炽盛光佛的左右及后方，绘有十二宫和二十八星宿。其中左右两边也就是火星和月孛的头顶，各有斜向排列的两宫，在其上又分别是两组祥云托浮的二十八星宿，每组十四星宿，都是中原汉族官员形象打扮，在星宿和炽盛光佛头光的上方，是一字排开的其他八宫。

　　这幅绢画在内容上出现了黄道十二宫和二十八星宿的形象，在人物服饰上已体现出中原汉化的影响，如十一曜之中的大部分星官和二十八星宿，而且人物衣饰极为华美，女星官两颊还有中原妇女流行的红色时尚妆饰（图4-2-5局部2）。表现手法上，敷色浓重鲜艳，色彩对比强烈，同晚唐绢画相比，黑水城这幅绢画，以红色、橙色、金黄色和青色为主，尤其是前三者，人物的装束以及佛莲座下座台的颜色多以之为主，画面基调富丽堂皇；在构图和布局上，画面的中心位置是正面端坐于莲座之上的炽盛光佛，十一曜簇拥于前，十二宫和二十八星宿供奉于后，整个画面虽人物众多，

[1] 许洋主译：《丝路上消失的王国——西夏黑水城佛教艺术》，台北"国立"历史博物馆，1996年，第228页。
[2] 唐金俱吒译：《七曜攘灾决》，《大正藏》第21册，第449页。
[3] 韩小忙、孙昌盛、陈悦新：《西夏美术史》，文物出版社，2001年，彩版第43页。

但采用突出主尊和十一曜星官，缩小后上方的十二宫和二十八星宿的方法，在人物疏密、大小的安排上，自下而上呈密—疏—密—疏和大—小—大—小的节奏，使整个画面布局疏密有致、多而不乱。

其余藏于俄罗斯的黑水城出土的西夏炽盛光佛与星曜的卷轴经变画中，目前公布的表现十一曜、黄道十二宫和二十八星宿环绕的炽盛光佛变，除上述卷轴外还有三幅，其中一幅从画面构图布局及人物服饰等来看，明显依据上述卷轴而绘（图4-2-6），还有另一仅存炽盛光佛变左下角的局部残片看，其同样与前述卷轴为范本（图4-2-7）。其余两幅十一曜、黄道十二宫和二十八星宿环绕的炽盛光佛变卷轴画面构图布局大同小异，人物服饰为中原风格，但艺术水平与前述卷轴相比略逊风骚（图4-2-8）。俄藏黑水城绘画作品中还有一些单个炽盛光佛和星宿如月孛、水星和金星像，以及星曜坛城等。

此外，西夏文刻本的《佛说大威德炽盛光佛诸星宿调伏消灾吉祥陀罗尼经》版画（图4-2-9）。画面人物与上述壁画与绢画中的形象类似，但不同的是该版画采取了静态

图4-2-6　俄藏黑水城炽盛光佛变

图4-2-7　俄藏黑水城炽盛光佛变残片

图4-2-8 俄藏黑水城炽盛光佛变

横向布局，画面右边是手持法轮、结跏趺坐的炽盛光佛，除了身前环绕的诸圣众外，佛右前方依次横向排列的众星曜均面向炽盛光佛，或仁立聆听，或款款而来。

此外，"西夏书籍插图中的星神像也很有意义，它们非常流行，国立艾尔米塔什博物馆的收集品中为数很多。书籍插图中出现这种类型的画似乎更加有趣。西夏收集品（西夏特藏5402号）的一件折子装刊本中，第3页上有6个星神像，他们分布为两排，每排各3身。上排：（1）身体魁梧的巨人。半裸，头发飘摆，手持宝剑，围着腰带，有头光。榜题'□星'。（2）同一巨人。戴头饰，头饰上有蛇像，背后是宝剑，手持长柄挂物，有头光。榜题'珍珠星'。（3）手持圆盘的巨人。头发飘摆，无光轮。无题款。下排：（1）穿中国式花色长服。有短髭和胡须，脑后头发拢起，戴有皱折头巾或小帽子，有头光。（2）穿中国式长服，袖子和领子上镶了花边。有短髭和胡须，戴白边黑

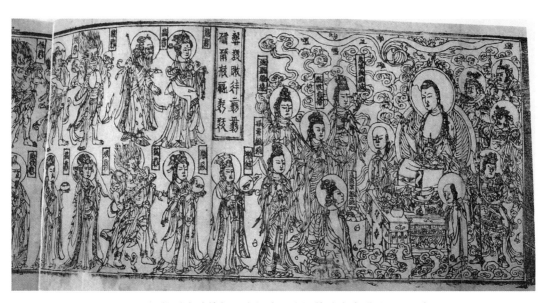

图4-2-9 佛说大威德炽盛光佛诸星宿调伏消灾吉祥陀罗尼经版画

色高帽，手持碗。榜题'木星'。（3）妇女像残片，着中国式服装，袖子上有齿状花边，高发式，右手不是两只箭，而是一只毛笔"。[1]从内容和题款来看，这里的星神有木星、水星、罗睺和计都，但上排（3）和下排（1）的星神身份还无法判断，再者星神组合一般为五星、九曜或十一曜，这里却是六星，估计它们是九曜中的六位星神，但这种组合很少见。"也是折子装的另一件木刻本（西夏特藏）中的星神像要全的多，在密密麻麻的几页文字后面有带说明的画图：（1）披发巨人像。身体半裸，腰下衣服为浅色黑边，胸部有个小项链，手持西夏式直长剑，有腰带，戴手镯和脚环。榜题'罗（睺）星'。（2）女像。穿中国十宽袖长裙，裙子浅色，领口、袖口和下摆为黑边，高发式，珠光宝气，手持琵琶。榜题'金星'。（3）半裸巨人像。衣服和罗（睺）星一样。背后有带鞘的宝剑，两手交叉成十字形状，前面的头发上有蛇形装饰品。（4）长老像。穿中国式浅色长衣，脚蹬凉鞋，右手持拐杖左手持木牌，前额高大，头上有公牛像，肩披有斑纹兽皮。榜题'木星'。（5）妇女像。着中国裙，高发式，有装饰物，手持纸和笔，袖口镶有齿形边。榜题'水星'。（6）男子像。着中国式的黑白长边袍，戴白边的黑帽，有胡须，手持某种植物的枝叶。榜题'木星'。（7）妇女像。着中国式华丽服装，高发式，戴了许多装饰物，双手持圆盘。榜题'月星'。（8）男子像。着中国服装，黑色翻袖口和领口，下摆镶有皱折布边，头戴官帽，有胡须，手持笏板。榜题'日星'。（9）巨人像。肌肉非常发达，身体半裸，衣服和罗睺星的一样。头发飘摆，前额上有个圆盘形的装饰物。目光威严，龇牙咧嘴。四支手，拿着剑、弓、箭。戴手镯、脚环、耳环和小项链，榜题'火星'。"[2]这里是九曜星神像，其中（1）和（3）两个星神分别是罗睺和计都。其他的单幅星神尊像画还有《月孛星图》、《木星》、《土星》和《月星》等。[3]

小　结

星曜作为炽盛光佛变的重要组成部分，从中晚唐的五曜发展到五代宋西夏时期的十一曜、黄道十二宫和二十八宿，作为圣众随从的诸星曜的数量不仅与日增多，且中西方的十一曜、黄道十二宫和二十八星宿在同一炽盛光佛变中并生并存，无疑是中西方两种不同的信仰体系的星曜系统互动碰撞交汇的结果。但由于历史的原因，目前国内西夏之后的炽盛光佛变遗存不多，且多已流失海外。如原属山西广胜寺下寺，后分别流失到美国堪萨斯城的纳尔逊—阿特金斯博物馆和费城宾夕法尼亚大学博物馆的两铺元代炽盛

---

[1]［俄］捷连提耶夫－卡坦斯基著，王克孝、景永时译：《西夏书籍业》，宁夏人民出版社，2000年，第68-69页。
[2]［俄］捷连提耶夫－卡坦斯基著，王克孝、景永时译：《西夏书籍业》，宁夏人民出版社，2000年，第69页。
[3] 史金波、白滨、吴峰云：《西夏文物》，文物出版社，1988年，图版76、77、78。

光佛与圣众的壁画中，还出现了一佛二菩萨的构图，即炽盛光佛居中结跏趺坐于莲花座上，两边分坐日曜菩萨和月曜菩萨，四周环绕十一星曜和天王力士、供养菩萨和童子等。[1] 入明后，《炽盛光如来陀罗尼经》的插图更多地体现出汉藏两种佛教文化体系交融的特征。

---

[1] 孟嗣徽：《炽盛光佛变相图像研究》，《敦煌吐鲁番研究》第2辑，北京大学出版社，1996年，第101页。

第五章 西夏涅槃变

第一节 敦煌涅槃经典与图像

涅槃，是梵文 Nirvana 的音译，旧译"泥曰"、"泥洹"，意译寂灭、圆寂，早期译经还曾译作"无为"、"灭度"。汉译"涅槃"一词，多是指释迦牟尼佛圆寂，称"佛泥洹"或"佛般泥洹"。《涅槃经》通常是指《大般涅槃经》，位列大乘五大部经（般若部、宝积部、大集部、华严部、涅槃部）中的涅槃部之首。"涅槃者，贪欲永尽，瞋痴永尽，愚痴永尽，一切烦恼永尽，是名涅槃。"[1] 大般涅槃是佛教中超越生死以达不生不死悟界的至极成就。

一、涅槃信仰与经典翻译

佛经载，世尊佛释迦如来在毗耶离大林中重阁与一千二百五十大比丘讲经。晨朝时与阿难入城乞食归来后，到遮泼罗支提入定思惟，佛须臾便从定而觉，告诉阿难说："此毗耶离、优陀延支提、婆罗支提、遮婆罗支提、多子支提……此等支提，甚可爱乐。四神足人，尚能住寿满于一劫若减一劫。如来今者有大神力，岂当不能住寿一劫若减一劫。……释迦以此语三次暗示阿难，让他主动请佛住寿一劫若减一劫，但阿难当时被魔王所迷惑，默然不觉，犹不解悟。"[2]……尔时魔王来到佛所，对佛说："世尊今者宜般涅槃，所以者和？我于往昔在尼连禅河侧，劝请世尊入般涅槃，世尊尔时见答言：我四部之天众、比丘比丘尼、优婆塞优婆夷，犹未具足，又未降伏诸余外道。所以未应入般涅槃。世尊之四部天众无不具足，又已降伏外道，所为之事皆悉已毕，今者宜应入般涅槃。"[3] 魔王再三请求，释迦答应推后三个月涅槃。魔王听后欢喜踊跃，还归天宫。当时大地十八相震动，天鼓自鸣，空中唱言，如来不久当般涅槃。

---

[1]《杂阿经》卷十八，《大正新修大藏经》（以下简称《大正藏》）第 2 册。
[2] 东晋法显译：《大般涅槃经》卷上，载于《大正藏》卷一，第 191 页。
[3] 东晋法显译：《大般涅槃经》卷上，载于《大正藏》卷一，第 191 页。

涅槃经的主旨是阐释"一切众生悉有佛性，如来常住无有变易"，即在成佛的问题上，众生平等，人人可以达到美满的彼岸世界。世俗人生诚然是无常苦的，理应从中解脱出来，但涅槃并不意味着死亡，而是进入了"常（长生不死）、乐（幸福快乐）、我（自由自主）、净（道德高尚）"的永恒境界，像佛一样都有一个入胎投生、出家得道，由凡入圣而至最后涅槃的历程。这与小乘佛教宣扬的灰身灭智以求解脱的出世思想相比，更具有诱惑力和号召力。后来竺道生又提出"一阐提人（指作恶多端、贪求欲乐而又不肯悔改的人）皆得成佛"的思想，因此，佛涅槃就被众生化、普及化，促使涅槃信仰愈益深入世俗社会，这对普通的社会大众自然有着极大的吸引力。

汉以来，佛教东渐，遂有异域高僧来华传译佛经，汉地高僧也陆续参与其间。东汉支娄迦谶已译出《梵般泥洹经》2卷。三国曹魏时，安法贤译《大般涅槃经》2卷，孙吴支谦译《大般涅槃经》2卷，但以上三经均已佚失。北凉昙无谶译出《大般涅槃经》，现编为40卷，东晋法显又译《大般泥洹经》6卷，相当于本经的前五品10卷，被称为《涅槃经》的"前分"，其余部分被称为"后分"。唐会宁等又译出《大般涅槃经后分》2卷，主要讲述佛涅槃以后诸事。南朝宋慧严、慧观和谢灵运等，依法显关于《大般泥洹经》的分品方法，对《大般涅槃经》的前五品作了调整，文字上也偶有润色，是谓南本《涅槃经》，昙无谶的原译本则称为北本，二者内容大同小异。元嘉初年，北本《涅槃经》传至宋都建康，其所述的大乘涅槃思想为汉地自《泥洹经》以来的集大成，主要以宣扬度脱生死苦海到达永恒安乐的彼岸为终极目标。其所云涅槃，具有常、恒、安、清凉、不老、不死、无垢、快乐八味，是息灭苦痛烦恼，摆脱生死轮回，从而实现不生不灭、不老不死，解决了人们对生死轮回的担忧以及人生最终归宿的问题，由此《涅槃经》在中土迅速传播开来。

二、敦煌涅槃图像与经变

佛教造像诞生之前，常以金刚座、法轮、佛足印等表现佛陀的存在，对释迦佛的涅槃也以窣堵波的供养来作为象征。贵霜王朝时期出现佛教造像后，印度佛像在本土的基础上，吸收了诸多希腊罗马元素，直至笈多时代，佛教造像始形成独特的印度风格。公元2世纪以后，键陀罗地区开始率先制作以释迦牟尼为中心的涅槃场面图像：婆罗双树下，释迦卧于寝床，周围环绕哀悼的弟子及天人，这种形式逐渐成为后来印度及中亚、东亚涅槃变相的基本模式。随着涅槃经典的东渐和信仰的普及，东汉起我国已出现涅槃图像，如江苏连云港孔望山摩崖造像（图5-1-1），新疆克孜尔石窟3世纪末4世纪初的第17、47、48窟等窟中的涅槃变（图5-1-2）。直至北朝晚期，在河南洛阳龙门石窟的普泰洞、甘肃麦积山北周第26窟及敦煌莫高第248窟中也出现了涅槃变壁画（图5-1-3）。这

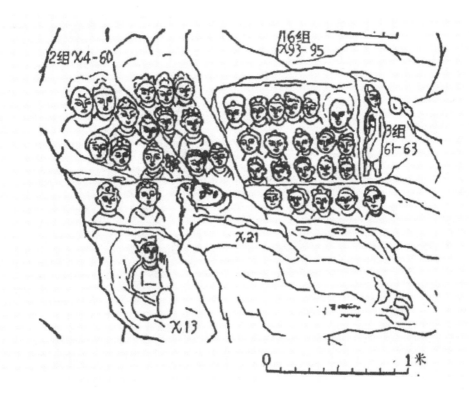

图5-1-1　江苏孔望山涅槃变

图5-1-2　新疆克孜尔石窟涅槃变

图5-1-3　莫高窟第248窟涅槃变

些涅槃像从表现形式及哀悼圣众形象的描绘上看，似接受了犍陀罗以及中亚诸地涅槃图
的影响。

涅槃经变主要表现释迦佛涅槃时诸菩萨、弟子以及世俗信徒哀悼等情景，简称涅
槃变。莫高窟现有十五铺涅槃经变，其中北周一铺，画于第428窟西壁，尚属佛传画组
成部分之一，表现的情节画面主要有：入般涅槃、大众举哀、迦叶抚足等。隋代三铺，
绘在第295、280、427窟窟顶，已经脱离佛传画，形成独立单幅构图的涅槃经变。新增
的情节有：摩耶恶梦、佛母奔丧、外道答迦叶问、须跋陀罗身先入灭、金刚力士哀恋。
初、盛唐七铺，绘塑于第332、120、130、39、46、225、148窟，此时由于受吐蕃贵族
统治的影响，涅槃经变中出现了割耳刈鼻、刺胸等画面。（图5-1-4）构图已经发展成
连环画的形式，规模空前宏伟，艺术水平很高。新增加情节有：临终遗教、双树病卧、
阿那律报丧、商办阇维、棺盖自启、为母说法、力士举棺、香楼荼毗、外道幸灾乐祸、
八王分舍利、起塔供养。中唐绘四铺，绘塑于第44、185、92、158窟，此时由于受吐
蕃贵族统治的影响，涅槃经变中出现了割耳刈鼻、刺胸等画面（图5-1-5）。晚唐自张
议潮收复瓜州以后，莫高窟涅槃经变突然绝迹。只有回鹘时期的一幅涅槃经变，绘于西
千佛洞第7窟中心柱后面的壁面上。

图5-1-4　莫高窟第148窟绘塑结合的涅槃变

图5-1-5　莫高窟第158窟涅槃变局部

西夏晚期，在河西诸石窟中又突然出现了一大批涅槃经变图，其中在榆林窟的第2、3窟，东千佛洞的第2、5、7窟和肃北五个庙的第1窟都绘有涅槃经变。

第二节　西夏涅槃变

社会民众对宗教的信仰，往往表现在对其教义及图像的翻译、诵读、传抄、印制、雕造等方面。日本学者西田龙雄曾根据世界上各大图书馆、研究所等单位收藏的西夏文佛经加以归类，总共有四十多部，其中包括《大般涅槃经》，而黑水城出土的西夏涅槃经又占相当大的比例。涅槃造像与经变绘画则主要分布于河西地区的寺窟。

一、西夏涅槃信仰与图像

目前黑水城发现的《大般涅槃经》所用纸张比较特殊，"应该指出，在特殊的情况下，西夏纸的颜色有黄色和红色，特藏中人工染色的纸样比较少，仅仅局限在佛教作品中使用。最流行的染色纸是黄色，已登记在册的123件黄纸写本的样纸中，有9件《大般涅槃经》名品的抄本"。[1]俄藏黑水城汉文文献发愿文中也表达出涅槃信仰。如俄TK124中权臣任得敬的发愿文"乘般若之慈舟，达涅槃之彼岸者"。[2]俄TK121李仁孝印施《佛说圣大乘三归依经》御制发愿文"伏愿：皇基永固，宝运弥昌。祖畴申宗，冀齐登于觉道；崇考皇妣，祈早往于净方"。[3]俄TK128李仁孝（夏仁宗）《佛说圣佛母般若波罗蜜多心经》御制后序（1167）："仰凭觉荫，冀锡冥资。直往净方，得生佛土。永住不退，速证法身"。[4]俄TK135仇彦忠"资荐亡灵父母，及法界有情，同往净方"。俄TK271"生身父母，速得超升；累劫怨亲，俱蒙胜益。印散施主，长福消灾；法界含识，同生净土"。任得敬（秦晋国王）印施《金刚般若波罗蜜经》发愿文（1167）"优或天年未尽，速愈沈病；必若运数难逃，早生净土"。[5]杨据璞等印施《佛说竺兰陀心文经》发愿文（1083）"承议郎杨康国男大名府乡贡进士据璞、统、琅、据、管、畴，女四娘、五娘，奉为亡批金华县君石氏小祥，谨镂板印施《竺兰陀心文经》五百卷，庶缘胜利，用浸广于善因，追荐慈灵，愿早登于净土"。[6]袁宗鉴等印施《佛说金轮佛顶大威德炽盛光如来陀罗尼经》发愿文（1184）"伏愿：天威振远，圣寿无疆。金枝郁茂，重臣千秋。蠢动含灵，法界存亡，齐成佛道"。[7]

---

[1]［俄］捷连提耶夫—卡坦斯基著，王克孝、景永时译：《西夏书籍业》，宁夏人民出版社，2000年，第23页。
[2] 俄TK124，《俄藏黑水城文献》第3册，第71页。
[3] 俄TK121，《俄藏黑水城文献》第3册，第51-53页。
[4] 俄TK128，第3册，第76-77页。
[5] 3俄TK伦4，《俄藏黑水城文献》第3册，第71页。
[6] 俄Ф337，第6册，第130页。
[7] 俄TK129，第3册，第79页。

造像方面，甘肃张掖的卧佛寺西夏时期的涅槃造像，目前是全国现存最大的涅槃像，为西夏永安元年（1098）修建的。对此记述最早且最为详细的是元初意大利旅行家马可·波罗，他曾在游记中写道："甘州城中有一大寺，广长皆有五百公尺。中有一卧像，身长五十步，足长九步，足上周围有二十五公尺。像后头上，置有其他偶像，各高一公尺上下不等。杂有喇嘛像，高与人身同。诸像绘制甚佳，与生人无异。壁上也置有其他偶像。此大卧像一手置头下，一手抚腿。像上博金，人名之曰释迦牟尼佛。居民结群赴此寺中礼拜此像。"[1]这尊金装彩绘、木胎泥塑的涅槃像，虽然后代经过几次维修，但基本保留了原来的样子，全身长34.5米，肩宽7.5米，仅耳朵就长2米多，与元、明所记基本相同（图5-2-1）。涅槃像建在面阔九间的大佛殿内，佛像头北脚南，面西右胁而卧，右手枕于头下，叠双足，侧卧在低的寝床上。佛头前立一天人装帝释天（或大梵天），头顶束发结发髻。脚后立一末罗首领，呈头戴幞头、身着天人装的官人形象。

图5-2-1　张掖大佛寺涅槃大佛

[1]［意］马可·波罗著、冯承钧译：《马可波罗行记》，上海书店出版社，2000年，第129页。

对此，学者张宝玺发现，西夏时期涅槃像发生了理念上的变化，一般涅槃像头前立大梵天、帝释天供养，脚根跪着一人摸足和末罗族首领供养，如东千佛洞西夏第2、7窟壁画涅槃图，而大佛寺涅槃图头前仅是一像，或是单纯的帝释天供养可能性较大；东千佛洞涅槃图脚根是摸足供养和末罗族首领供养，而大佛寺涅槃像仅是官人形象末罗族首领供养，没有摸足供养人。[1]

二、河西石窟西夏涅槃变

当莫高窟涅槃经变突然绝迹的时候，河西诸石窟中却突然出现了一大批西夏涅槃经变，其中在榆林窟的第2、3窟、东千佛洞的第2、5、7窟和肃北五个庙的第1窟都绘有涅槃经变，与莫高窟涅槃经变绘制的衰落形成鲜明的对比。

（一）榆林窟

第2窟的正壁中间为纵长的文殊变，文殊变的两边为法华经观音普门品的一些情节，涅槃经变就位于文殊变的上部。涅槃经变是由相连的左右两个画面组成（图5-2-2），左边是"香楼荼毗（焚棺）"，右边是"入般涅槃"。此幅西夏涅槃经变在尺幅上与盛唐时期的鸿篇巨制无法相比，但这种将文殊变、观音变和涅槃变的壁画题材组合在一起的布局是很少见的，尤其在敦煌石窟晚期的壁画中，还是仅见的一例。

入般涅槃图（图5-2-2局部）：释迦面相丰圆，高鼻细眉，双眼微合，身着通肩袈裟，右手支颐，右胁累足横卧于七宝床上。佛经载："尔时佛告诉阿难'我今欲进鸠尸那城力士生地熙连河侧婆罗双树间……汝可至婆罗林中，见有双树，孤在一处，洒扫其下，使令清净，安处绳床，令头北首。'佛至双树下，右肋着床，累足而卧，如师子眠"。[2]

图5-2-2　榆林窟第2窟涅槃变文殊变

[1] 张宝玺：《张掖大佛寺西夏涅槃像考释》，《西夏学》第十辑，2013年。
[2] 东晋法显译：《大般涅槃经》卷中，《大正藏》卷一，第199页。

图5-2-2局部1　榆林窟第2窟入般涅槃图

这里的绳床已被历代涅槃造像或经变的艺术家美化为成了七宝床。在释迦的身后有两位妇女，头结发髻，身着俗装，神情或哽咽无语，或泪眼茫然，应是摩耶夫人和侍从天女。《摩诃摩耶经》卷下云："尔时尊者阿那律，即见棺殡如来身已，即便升于忉利天上，往摩诃摩耶所……与无量诸天女等眷属围绕……从空下来……前至棺所，头顶作礼……尔时世尊以大神力故，令诸棺盖皆开发，便从棺中合掌而起，如（狮）子王初出窟时奋迅之势……以梵软音问讯母言：'远屈来下此阎浮堤，诸行尔法，愿勿啼泣。'尔时世尊说此语已，与母辞别……即便开棺……摩诃摩耶及众八部，悲泣懊恼，不能自胜……"[1] 释迦的头前和脚后还画有五个比丘和一个天王正在举哀，其中脚后的三身比丘，举哀的神情姿态非常生动：一比丘不忍见释迦涅槃，左侧首，蹙眉咧嘴，号啕痛哭；紧挨着的比丘双手抱头，仰面朝天，哀不自胜；第三身比丘应为迦叶，披宽袖长袍式袈裟，但迦叶的左手垂在腹前，右手搭在释迦所卧的七宝床沿，但不是佛经描述的双手抚佛足。在七宝床前还画有两个力士，一个背对释迦，四肢肌肉隆起，胸挂项圈，手脚佩带腕钏，头束发髻，双手上举，瘫坐在地，悲哭痛号；另一个胡跪在地，服饰

[1]　萧齐昙景译：《摩诃摩耶经》，《大正藏》卷一二，第1012页。

打扮与前者相似，握拳捶胸，泪眼滂沱。按照佛经，其中之一应该为密迹金刚，《佛入涅槃金刚力士哀恋经》云："密迹金刚力士见佛灭度，悲哀懊恼作如是言：'……我从今日无归无依，无覆无护，哀恼灾患，一旦顿集，忧愁毒箭深入我心。'密迹金刚作是语已，恋慕世尊，愁火转炽，五内抽割，心膂磨碎，躃踊闷绝，譬如岩崩，颠堕于地。久乃醒悟，即而起坐……（曰：）'此金刚杵当用护谁？即便掷弃。'"[1]另一力士可能是须跋陀罗，"尔时鸠那城，有一外道，年百二十，名须跋陀罗，聪明多智，诵四陀经。一切书论无不通达，为一切人之所宗敬，其闻如来在婆罗林双树间将涅槃，心自思惟，我诸书论，说佛出世极为难遇，如优昙钵花一时现耳……试往解疑，阿难担心，解疑会更加损伤世尊的身体，加剧其病痛，外道三请不许，而世尊以净天耳知之，为之绝疑，外道服而自愿出家，须发自落，袈裟着身，即成沙门，佛又为之广说四谛，即获漏尽，又成阿罗汉，后不忍见天人尊入般涅槃，我于今日，欲先世尊入般涅槃……即于佛前，入火界三昧而般涅槃。"[2]香楼茶毗图（图5-2-2局部2）：画面里没有香楼，只在中间画有佛涅槃的七宝床，七宝床的上方空中，烈火熊熊燃烧。在佛涅槃前，阿难曾问佛涅槃后如何供养，佛说依供养转轮圣王之法：用新净绵及以细毡，合缠其身，如是乃至积满千重。内置金棺中，又作银棺，盛于金棺，又作铁棺，盛于铜棺，然后灌以众妙香油，又

图5-2-2　局部2香楼茶毗图

---

[1]《佛入涅槃金刚力士哀恋经》，《大正藏》卷一二，第1097页。
[2] 东晋法显译：《大般涅槃经》卷下，《大正藏》卷一，第203页。

复棺，以诸香花而用涂散，作众伎乐，歌呗赞颂，然后下盖。造大宝舆，极令高广，轩盖栏楯，众妙庄严，以棺置上，又于城中作阇维处，然后抬举至棺绕城七遍后，置棺于香积上火化。[1]《涅槃经后分》卷下云："（棺）渐渐空行至荼毗所，徐徐垂空，下安七宝床……尔时如来以大悲力，从心胸中火涌棺外，渐渐荼毗。经于七日，焚妙香楼尔乃方尽。"画面右端画有一穿阔袖长袍的贵妇和二侍女，应为摩耶夫人和二侍女。七宝床的左侧有一天王守护，右侧也有一人物形象，惜漫漶不清。画面的右下方是众比丘，站成两排，双手合十，默默祈祷。作为文殊变画面上端的小横幅，此幅经变内容又主题突出，言简意赅，并且在咫尺寸幅间，还将个别人物形象塑造的生动、形象、传神，艺术风格简洁、豪放，这是西夏涅槃经变与莫高窟经变最鲜明的区别之处。

榆林窟第3窟东壁（正壁）的中央（图5-2-3），绘制的是释迦破魔塔，两边为八

图5-2-3　榆林窟第3窟东壁中央涅槃变

---

[1] 东晋法显译：《大般涅槃经》卷中，《大正藏》卷一，第200页。

图5-2-4　榆林第3窟涅槃变

大灵塔，涅槃经变位于其上部，整个画面为长条形（图5-2-4）。与其他涅槃经变不同的是画面没有绘出七宝床，且释迦紧闭双目，头下枕着中国式的方枕，袒右肩右胁，累足卧于毡罽或锦褥上。释迦身后是陷于悲痛之中的六位世俗信徒，皆有头光。他们或仰天长叹"痛失慈父"，或泪眼婆娑"迷闷懊恼"，或顿足捶胸"涕泣交流"，或哀不自胜"悲号呜咽"，或心大苦痛"遍体血现"，或神情憔悴"如病新起"……在佛的脚后是一位身着白色衣冠、有头光的清信士，即《大般涅槃经》卷一《寿命品》中所说的在家修行的"二恒河沙优婆塞"，表情沉痛。在释迦的两边还共画有七佛一菩萨，七佛袒右肩斜披白色袈裟，分别由两边半侧面向释迦双手合十默默而立，与举哀悲哭的世俗信徒形成了鲜明的对比，这是因为他们修行的境界高，并深知佛涅槃是进入了更高的理想境界——常、乐、我、净的大乘涅槃境界，而并非世俗信徒所理解的像凡人一样的死去，因此他们的神情不是悲伤、哀痛，而是沉静、肃穆和崇敬。七佛中的菩萨有可能是弥勒菩萨，弥勒是未来佛，他必须在现在佛释迦牟尼涅槃后，才能从兜率天宫下生到，在龙华树下成佛。七佛一菩萨的背后装饰着娑罗树的枝叶。

　　西夏的这幅涅槃经变在内容的表现上有许多大胆的删减和改动之处。其一，涅槃经变中的一些重要情节被略去，如礼佛足、阿难闷觉在地、摩耶夫人悲悼以及密迹金刚倒地、须跋陀罗身先入灭等等；其二，有一些细节的改动，如释迦涅槃时的双眼微合，被西夏画师绘成像凡人一样双眼紧闭；其三，七宝床可能由于画面位置所限，被因地制宜地改变成毡罽或锦褥，且佛头下枕着中国式的方枕。在构图上，由于所处的位置，画面为横幅长条状，因此表现在布局上，中间以释迦涅槃为主，两边对称各绘四身侧面向释迦合十礼拜的佛与菩萨，这种构图在敦煌石窟中是十分少见的。在艺术手法上，画面主体色调为石绿色，又辅以蓝色、白色和赭褐色，与涅槃气氛相结合，显得清冷和肃穆；此外，勾线与敷色并用，在人物容貌和衣纹线描勾勒的基础上，注重填色和渲染，有的地方还直接用色描画，如释迦头下的方枕与身上的袈裟以及七佛一菩萨背后的娑罗树的枝叶等。

（二）东千佛洞

　　涅槃变（图5-2-5）位于第2窟窟内中心柱的背面，画面中释迦直鼻长眉，双眼微

图5-2-5 东千佛洞第2窟中心柱后的涅槃变

图5-2-5 局部1 东千佛洞第2窟涅槃变

图5-2-5 局部2 东千佛洞第2窟涅槃变

合，枕右手并右胁累足卧于七宝床上，床上铺有图案精美的毡罽和锦褥，边沿分别饰有方格或菱形的装饰。在释迦的头部是两身双手合十、神情肃然的菩萨，头结发髻并饰有珠宝，长圆丰满的面部上，紧闭的双唇上绘有蝌蚪状的胡须，唇下绘有"日月"（图

图5-2-5 局部3 东千佛洞第2窟涅槃变

5-2-5局部1）。释迦身后是带有头光的十一身世俗信徒和弟子，他们有的悲泣哽咽，凝视无语；有的泪流满面，抱头痛哭（图5-2-5局部2）；有的掩袖拭泪，神思恍惚；有的悲伤过度几近于昏厥状态（图5-2-5局部3）。释迦的脚后画两人，一人是着世俗装的大弟子迦叶，他双膝跪地双手礼佛足。佛涅槃时，迦叶在又那耆利国，"遥闻如来在鸠尸那城欲般涅槃，心大悲恋，与五百比丘缘路而来，去城不远，身患疲极在于路边，与诸比丘作于树下。见一外道，手执曼陀罗花，迦叶问言，汝从何而来，答言，我从鸠尸那城来，迦叶又问，汝知我师应正遍知不，其即答言，识。汝大师在鸠尸那城娑罗林

中双树之间已般涅槃，得今七日，即时在宝冠支提，将欲阇维，天人充满，互竞供养故，我于彼得天花。尔时迦叶闻此言已，悲号哽咽，诸比丘众闷绝躃地，而以微声共相谓言，呜呼哀哉……迦叶与诸比丘到鸠尸那城，见如来棺在香积上，悲泣流泪围绕四匝，而凳香积，至宝棺所，在于足处号啕呜咽，头面作礼。尔时如来于宝棺内，而出双足，迦叶见此，倍增悲凉"。[1]迦叶身后有一站立的人，戴天冠着袍服，为清信士供养（图5-2-5局部4）。在释迦头前还跪着释迦最后的一个弟子须跋陀罗，他因不愿忍受佛涅槃后的痛苦，而自愿先佛入灭，在释迦的脚端七宝床下还绘有倒身在地的密迹金刚。此外，七宝床前画有狮子、孔雀、龟、鹤等动物，"复有二十恒河沙等计算飞鸟王凫雁、鸳鸯、孔雀……诸鸟，持诸花果，来至佛所，稽首佛足，却住一面"，[2]表现了山林动物飞禽等力劝佛莫入般涅槃不成后的悲伤和供养。此幅涅槃经变的艺术手法，突出表现在用笔细腻严谨工整，如在人物肖像的勾画及渲染上，运用简洁流畅的线描将举哀的弟子刻画的惟妙惟肖，栩栩如生，如有的眉梢倒挂，眼角耷拉；有的嘴巴大张，双眼紧闭……特别是在人物的头顶、嘴边、下巴及腮部辅以简单的晕染，以表现剃去头发髭须后皮肤发青的效果；而且人物的服饰衣纹勾勒与晕染也结合得恰到好处。

第5窟西夏涅槃经变位于中心柱背面，画面上释迦双眼微合，似进入了沉思状态，

[1] 东晋法显译：《大般涅槃经》卷下，《大正藏》卷一，第206页。
[2] 北凉昙无谶译：《大般涅槃经》卷，《大正藏》卷一二，第459页。

图5-2-5　局部4　东千佛洞第2窟涅槃变

右胁累足卧于七宝床上。释迦头部为两身
侍从天女搀扶的摩耶夫人，她身穿红色衣
裙，头饰珠宝，有头光，面相阔圆，神情
凄楚，正强抑内心悲痛，用衣袖拭泪。在
摩耶夫人右边，一前一后还有老少两身
举哀者，前面举哀的少者身穿交领窄袖
衣，耳饰环，双臂上举，作痛哭状；老
者上身袒露，戴项圈、臂钏和腕钏，双手
合握，仰首号啕（图5-2-6）。在释迦的
身后有十二三位哀悼的弟子和徒众，有目
视释迦、手扶床沿痛哭者；有哀不自胜，
依杖支持者；有哀伤至极，相互搀扶者
等等。特别是在释迦的脚端，还绘有四五
个身着世俗服装并吹拉弹唱及舞蹈的乐
人，这里西夏画师将伎乐供养的形象也融
入举哀的队列中。释迦的七宝床前还绘有
闷绝倒地的阿难、先身入灭的须跋陀罗以

图5-2-6　东千佛洞第5窟涅槃变局部

及投身在地的密迹金刚，在他们的两边是供养佛的鸟兽，特别是其中绘制了狮首人身、人首猴身等动物，表现出西夏画师丰富、夸张而大胆的想象力，为涅槃经变增加了神异新奇的氛围。构图与布局上，此幅涅槃经变将通常安排在七宝床前的伎乐供养绘在了释迦脚后端；在人物的比例上，较之以往涅槃经变，释迦的形体增大，周围举哀者形象缩小，尤其是释迦七宝床前的阿难、须跋陀罗和密迹金刚，人物比例愈加变小，使涅槃的主体格外突出，画面气氛显得肃穆、庄严。在艺术创新上，与以往的涅槃经变相比，西夏画师在举哀者中增加了哀伤过度依杖支持的形象，并创造了神异的鸟兽动物供养形象，这在敦煌石窟中也是非常少见的。

　　第7窟西夏涅槃经变涅槃变位于中心柱背面（图5-2-7）。释迦右手支颐半卧于七宝床上，释迦头顶有化光。在释迦头部是一老年比丘，他老泪纵横、悲伤欲绝地注视着释迦（图5-2-7局部1）。迦叶下方是由两比丘搀扶着已昏厥在地的阿难，阿难听释迦要涅槃，顿时"心生苦痛，闷绝懊恼，涕泣流连，不能自胜……拍头高声唱言：呜呼苦哉，世间眼灭，众生不久，失于慈父"。[1]迦叶的后面是两身菩萨，神情肃穆庄严，与

图5-2-7　东千佛洞第7窟涅槃变

---

[1] 东晋法显译：《大般涅槃经》，《大正藏》卷一，第206页。

图5-2-7　局部1　东千佛洞第7窟涅槃变

周围举哀的弟子形成了鲜明的对比。释迦的身后是正在举哀的众比丘，悲痛之状各不相同（图5-2-7局部2）。在众比丘身后是护法天王，尔时诸比丘天王力士闻佛涅槃，"悲号懊恼，闷绝躃地，互共微声而相谓言，呜呼苦哉，世间眼灭，我等从今何所归依，犹如婴儿失于慈母"。释迦脚后是两位戴天冠着袍服的形象，其中跪地抚摸着释迦双足的为迦叶；另一位悄然肃立，悲伤之情尽露于言表（图5-2-7局部3）。七宝床前还有不愿无所归依要先佛入灭的须跋陀罗，和悲伤懊恼、擗踊倒地的密迹金刚；以及狮子、孔雀、龟、鹤等动物供养；还有击鼓、吹笛、拍板、着菩萨装舞蹈的四身伎乐（图5-2-7局部4）。此

图5-2-7　局部2　东千佛洞第7窟涅槃变

幅涅槃经变的背景处理很有特点，首先在最外层绘佛光万道，后又在释迦头部的举哀弟子身后，布置了开满白花的娑罗树。佛经载，佛于后夜分入般涅槃，"时大地震动，天

图5-2-7 局部3 东千佛洞第7窟涅槃变　　　　　　图5-2-7 局部4 东千佛洞第7窟涅槃变

鼓自鸣，四大海水，波浪翻倒，须弥山自然倾摇，狂风奋发，木材摧折，萧索枯悴，骇异于常"。[1]涅槃经变所有的画面没有具体描绘山川摧崩之势，但借助背景中开满白花的娑罗树，也衬托出涅槃场景中悲哀的气氛。且整个画面有动有静，有悲哀号哭者，有庄严肃穆者，特别是伎乐和鸟兽动物供养的加入，使画面内容和表现形式更加丰富。在具体的敷色和勾线上，"运用色彩叠晕，线压色、色盖线，效果明艳醒目"。[2]此外，肃北蒙古族自治县境内的五个庙中，其第1窟北壁正中也绘有涅槃经变。[3]

需要说明的是，以上西夏涅槃经变主要集中在东千佛洞西夏的第2、5、7等石窟中，这几个石窟均为甬道式中心柱窟，形制也基本一样，都是单室窟，平面为长方形，分前、后两部分，后部安置中心柱，但又不同于莫高窟直通到顶的中心柱，而只是沿侧壁、后壁凿出可以绕柱右旋的甬道。这种洞窟的形制大约在公元四五世纪时形成于西域龟兹境内，后来西魏、北齐和高昌回鹘时期也先后流行过这种窟形，龟兹境内甬道式中心柱后面往往画涅槃像或涅槃经变。西夏佛教文化多数是从中原、吐蕃和西域各国输

[1] 东晋法显译：《大般涅槃经》，《大正藏》卷一，第205页。
[2] 张宝玺：《东千佛洞西夏石窟艺术》，《文物》1992年第2期。
[3] 王惠民：《肃北五个庙石窟内容总录》，《敦煌研究》1994年第1期。

入，回鹘僧人常受到西夏统治者的礼遇和重视，有的还被奉为国师，西夏时期再现这种石窟形制和绘画形式，或许是受龟兹石窟艺术的影响。

小　结

西夏建国前后自然灾害频繁，饥馑不断，普通百姓的生活常处于动荡与飘摇之中。统治者为缓和国内阶级和民族矛盾，对内采取加强镇压的同时，对外一直执行战争政策，并从战争中夺取土地、财物、牲畜和俘虏来满足自己无尽的欲壑。此外，为了追求穷奢极欲的现实生活和虚无缥缈的佛国世界的享受，还大兴土木，役使民夫工匠数万人营建雄伟壮丽的皇圉宫院和装銮金碧辉煌的寺窟庙宇……在这种情况下，广大的西夏人民渴望摆脱因战争、自然灾害和阶级压迫所遭受的深重苦难，却找不到出路；同时西夏统治者也认识到，涅槃经对广大下层的普通百姓也具有强大的安抚效果，因为现实社会的不平等是不可改变的，但在"成佛"的问题上，人人是平等的，他们希望广大人民相信"成佛"的教义，一心追求虚构的彼岸世界，从而就能忍受现实社会的苦难，由此，西夏统治者大力扶持涅槃经信仰的宣传和普及，也许就是当莫高窟涅槃经变绘制几乎绝迹的时候，在河西一隅，却出现了大量西夏涅槃经文的印本、抄本和石窟壁画的重要原因之一。

下　编

西夏经变艺术
形式与风貌

第六章　西夏经变中的情节构图

　　敦煌经变故事及画面的产生发展，是佛教深奥义理逐步通俗化、形象化和大众化的结束，其场景与情节的图像展现，都出自历代画师工匠的智慧和创造。敦煌经变的画面呈现方式主要有连环式、三段式、主体式：连环式是按照一定的顺序，通过连续性的画面来表现经变内容情节，如涅槃变、维摩诘变等。三段式主要为净土变类型，上段为天宇，中段说法场面，下部为宝池等，如阿弥陀经变、无量寿经变、药师经变等。主体式如文殊变、普贤变、炽盛光佛变等，画面展现的是单一、独立的经变主体人物的场景。以上三种经变呈现方式，西夏兼而有之。但在人物形象及情节表现方面，西夏早期经变多模仿唐宋风格，画面布局雷同，人物缺乏个性，形体僵直、表情呆板，画面气氛沉

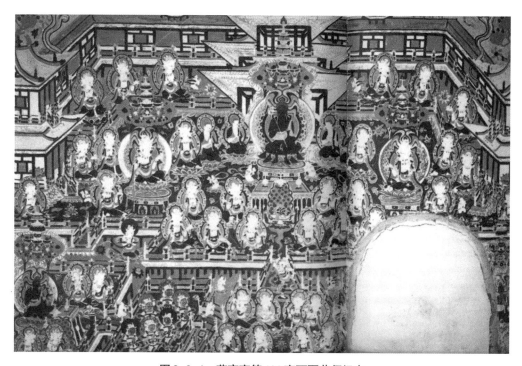

图6-0-1　莫高窟第400窟西夏药师经变

闷，如莫高窟第400窟的西夏药师经变，即缺乏隋唐经变满壁灵活飞动的气势（图6-0-1）。晚期受周边其他少数民族艺术如回鹘佛教壁画的影响，西夏开始改变对唐宋艺术亦步亦趋的模仿，不仅对体系庞大繁杂的唐宋经变的内容情节进行了大刀阔斧的删减，还因地制宜地探索新的布局构图方式，探索侧面行进动态以及正面静态等表现方式等，展现出西夏艺术从模仿、发展到成熟的历史进程中，民族审美意识的逐渐崛起，对唐宋以来经变格局的大胆突破与改造。

第一节　经变内容与情节的锐减

敦煌经变内容情节丰富，表现手法完备精湛，可以说是集各壁画题材、风格、艺术等为一体的综合艺术。但早期敦煌经变艺术在内容和形式的表现上，情节简单，技法单一，多数处于稚拙的图解经文式的发展阶段，还谈不上真正的艺术创作和发挥。至隋唐时期，通壁式大画使经变内容逐渐丰富、完善和庞大起来，画面中琼殿玉宇鳞次栉比，水榭楼台循环往复，八宝莲池碧波荡漾，佛菩萨天王、力士伎乐等神采飞扬（图6-1-1）。但自晚唐开始到宋五代时期，社会动荡战乱不断，因人力物力等原因，统治者已无暇顾及和扶持佛教活动，造成这一时期敦煌经变在延续原有风格的基础上，篇幅、内容和情节等开始有所简化和缩小。发展到西夏时期，这种简化的趋势表现得更为明显，如代表性的

图6-1-1　莫高窟第201窟中唐观无量寿经变

文殊变与普贤变、涅槃变等。有的经变从简化直接发展到对大量情节的削减，使得许多经变最后几乎和尊像画无多大的区别，且许多净土变内容情节删减后，变成了目前难以区别的数量巨大的简略净土变（图6-1-2）。[1]根据《敦煌石窟内容总录》的《部分壁画内容索引》统计可知，西夏的简略具体有莫高窟第27、30、38、39、69、70、78、81、83、84、87、140、224、235、252、265、291、306、307、308、328、354、363、367、399、415、460窟，榆林窟第3窟，五个庙第4窟等。[2]

图6-1-2　莫高窟第206窟西夏说法图

一、文殊变和普贤变的删减

　　文殊变与普贤变早期只有单独的造像，后来才铺衍成经变。文殊与普贤早期的侍从从仅有的三五身，发展到至中、晚唐和五代时期，形成多达数十人的庞大队伍（图6-1-3）。盛唐画面铺演华丽，人物众多，至中晚唐愈见繁华，形成场面浩大的出行图。画面中文殊高坐于狮舆之上，前后上下扈从帝释、天王、飞天、供养菩萨、执幡天人、诃梨地母等；普贤端坐在六牙白象背上的莲座中，其侍从有梵天、天王、天龙八部、力士、菩萨等达数十人之多，其间还有幢幡、彩云、鲜花、舞乐充填其间，场面十分壮观。五代和北宋主要是延续唐代的风格，并逐渐形成固定的模式，但失去了原有的创造力。

　　西夏的文殊变和普贤变，如著名的榆林窟第3窟基本上保留了经变中的主要人物形象，但在数量上，对同类人数较多的菩萨、天王等形象进行了大量的删减，各类形象几乎只有两三身作代表，其他像天龙八部、力士以及幢幡、鲜花、舞乐等全部被删掉，与以往经变中文殊或普贤被众神如众星捧月般簇拥着向前缓步移动的状况相比，西夏的文殊和普贤变，却突出表现全景山水背景中人数适中的文殊或普贤菩萨及其侍从，在云海之上悠然自得、从容不迫的行进状态（图6-1-4）。西夏的其他几幅文殊和普贤变如榆林窟第29窟（图6-1-5）、肃北五个庙的第1窟（图6-1-6）等都表现出类似的特点，

[1] 参见《敦煌莫高窟经变画统计表》,《敦煌学大辞典》, 上海辞书出版社, 1998年, 第81页。
[2]《敦煌石窟内容总录》附录一, 文物出版社, 1996年, 第292页。

图6-1-3　莫高窟第159窟中唐普贤变

图6-1-4　榆林窟第3窟文殊变

图6-1-5　榆林窟第29窟文殊变

有的甚至在人物上除主尊外，只各保留两身菩萨、天王和一两身世俗弟子等，与唐宋经变中熙熙攘攘、济济一堂的热闹场面相比，西夏经变画面在人、物与背景三者之间，更显得和谐和自然。

二、净土变的删减

（一）弥勒净土变

《弥勒净土经变》隋代仅限于弥勒上生经变的绘制，从初唐开始，上生、下生经变并于一壁，画面上部绘兜率天宫及弥勒菩萨说法图，中部以倚坐弥勒说法为中心，四周围绕诸圣众，下部绘宝池、莲花、水榭、化生、乐舞，以及国王王妃剃度图，场面非常宏大。至盛唐开始着重于下生经变的全部内容和细节的描绘，画面以弥勒三会为中心，诸相关情节画面穿插于三会的两侧及下部的

图6-1-6　五个庙第1窟普贤变

空隙处，其主要情节有：弥勒降生、七步生莲、沐浴、回城、降魔、龙华树下成道、婆罗门拆毁宝幢、七宝、罗刹扫城、龙王降雨、地涌甘泉、路不拾遗、一种七收、树上生衣、女年五百岁出嫁（图6-1-7）、送老人入墓等等，晚唐五代迄宋从形式到内容基本承袭初唐以后的格局，没有多大的变化。

西夏文殊山万佛洞绘有弥勒上生经变，画面展现了弥勒兜率天宫的奇妙境界，重点描绘了天宫里的殿宇、楼阁、台榭和长廊等精美建筑，殿内莲花宝座上的弥勒菩萨，胁侍的若干侍从弟子，以及院内的宝池、香花、天女、舞伎等。原先经变画面中鳞次栉比的宫殿建筑被简化成前后两个主要的殿堂，并与长廊相连形成体系完整的两个大院，画面上的人物大量减少，分布也较为均匀（图6-1-8）。西夏肃北五个庙第1、3窟的弥勒下生经变不仅对弥勒说法主体形象画面进行了大幅度的削减，而且唐宋众多的相关情节也被删减，仅保留具有代表性的一种七收、送老人入墓、婚礼图、剃度图，其中婚礼图就是女年五百岁出嫁情节，与唐代内容相比，画面中原先的青庐设帐、新娘和新郎礼拜的场面都已消失，只以长桌宴宾来代替，且与架上生衣、收获图组合在一起（图6-1-9）。另外，送老人入墓图也与耕种图组合在一起。

图6-1-7　榆林窟第20窟中唐婚礼来宾

图6-1-8　文殊山万佛洞弥勒上生经变局部

图6-1-9　婚礼图、架上生衣与收获图

（二）西方净土变

阿弥陀经变没有任何小故事，只是对西方极乐世界进行了极力渲染。初唐阿弥陀经变的说法图中，西方极乐世界有碧波荡漾的、芙蓉盛开的宝池，天空中各种鲜花飘洒如雨，佛安详而坐，两边侍立菩萨弟子（图6-1-10）。盛唐时期的阿弥陀经变铺演成通壁大画，画面一般上段为飞来飞去的一佛二菩萨，楼阁、孔雀、迦陵频伽、白鹤、宝幢，宝幢之上绘出"七重楼阁"、"珠宝罗网"，中段为水上平台，中间为主尊、二大菩萨及众多小菩萨，左右各一大菩萨及众多小菩萨等，下段亦为水上平台，中间为舞乐，左右两边为佛菩萨，最上边为楼阁。宋五代的阿弥陀经变基本延续盛唐的表现手法和风格，逐渐形成一种僵化的模式，创新不大。唐宋的无量寿经变是在阿弥陀经变画面布局的基础上，着重刻画了七宝池、莲花化生。《观无量寿经变》画面与前两净土经变基本类同，中间为"西方净土极乐世界"，在两边、上下或为条幅——分别绘十六观和"未生怨"的内容（图6-1-11）。

西夏的西方净土变中榆林窟第29窟的《阿弥陀净土经变》与同窟相对的《药师净土经变》一样，繁华富丽的净土世界中，金碧辉煌的琼楼玉宇已被简化为三间简单素朴

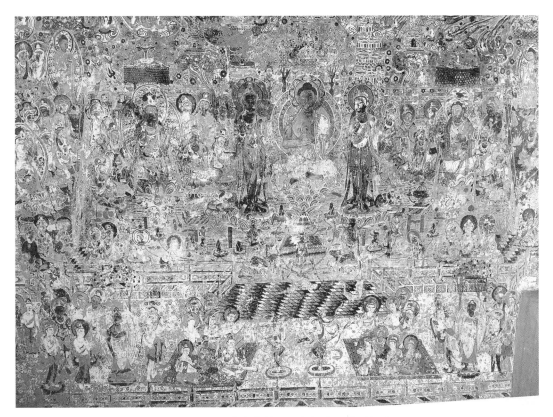

图6-1-10　莫高窟第220窟初唐阿弥陀经变

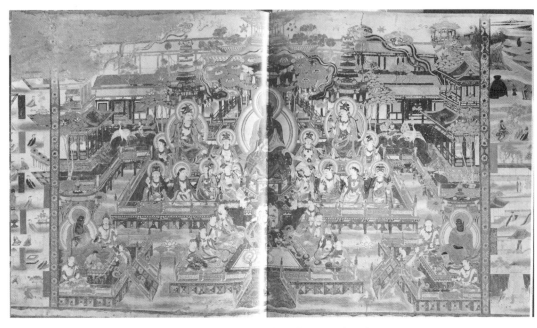

图6-1-11　榆林窟第25窟观无量寿经变

的大殿，珍禽瑞鸟、宝树香花、水榭长廊都删去了，只剩下庭院中的一方莲池（图6-
1-12）。榆林窟第3窟的《观无量寿经变》中，西方净土世界中参差起伏的庞大净土建

图6-1-12　榆林窟第
29窟西夏阿弥陀经变

筑被保留下来，并从唐宋以来，首次被作
为经变的主体进行了精描细画，成为宋夏
时期建筑和绘画领域内罕见的珍品（图
6-1-13）。但净土世界中其他一度景象繁
盛的表现对象，却成为无情删减的对象。
如果说榆林窟这两幅《观无量寿经变》还
保持着其标志性的情节画面十六观，虽然
被后世的修建所遮蔽，但在东千佛洞第7
窟中西夏的《西方净土变》中，连莲花化
生和十六观这样标志性的内容也没有了，
也难怪敦煌莫高窟中西夏单描绘净土，却
无法判定其具体名称的简略净土变达43
幅之多，这在敦煌也是少见的。[1]

（三）药师净土变

《药师净土变》是敦煌经变中流传

图6-1-13　榆林窟第29窟观无量寿经变

最广、持续时间也最长的经变画之一，盛唐时期《药师净土经变》的绘制达到了鼎
盛阶段，画面情节内容空前的繁盛和丰富，除通常处于中心位置的药师说法图外，
其他主要的相关情节还包括：九横死图、十二大愿图、续命幡灯图、斋僧燃灯图、
十二药叉图、放生图、五色幡图、灯轮图等（图6-1-14）。但在西夏《药师净土经
变》中，"九横死图"和"十二大愿图"已消失了，其他情节相对有所保留，如肃北
五个庙第3窟中《药师净土经变》两下角的屏风画中，仍绘有"续命燃灯图"、"放
生图"（图6-1-15）、"斋僧供养图"和"五色神幡图"等。此外，唐宋时期的《药
师净土经变》中，主尊药师说法的背景中东方佛国药师净土中，有恢宏华丽的宫殿
楼宇、穿梭往复的水榭平台等建筑，其间装饰着宝树香花和珍禽瑞鸟，主尊的两边
是众多的菩萨天众等眷属以及歌舞乐队，济济一堂，热闹非凡。宏伟壮观的东方净
土发展到西夏时期，如西夏榆林窟第29窟中不仅诸天众和眷属人数大量减少，净土
中的建筑已被简化到以立柱和帷幔隔开的三间大殿；在东千佛洞西夏第2窟的《药
师净土经变》中，连西夏榆林窟第29窟中的三间大殿也没有了，画面只剩下一手执
锡杖、一手托钵，身旁仅两身随侍弟子的药师师徒三人的巡行图（图6-1-16），近
乎于单纯的药师佛像画。

---

[1] 参见《敦煌莫高窟经变画统计表》，《敦煌学大辞典》，上海辞书出版社，1998年，第81页。

图6-1-14 莫高窟第154窟中唐药师经变

图6-1-15 五个庙第3窟西夏药师经变局部放生图、斋僧图与燃灯图

图6-1-16　东千佛洞
北甬道西夏药师经变

三、涅槃变的删减

涅槃经变除画面中心的释迦佛涅槃的主体形象外，自北周开始到唐宋，经变陆续增加的情节有：双树病卧、临终遗教、入般涅槃、大众举哀（图6-1-17）、外道答迦叶问、迦叶抚足、须跋陀罗身先入灭、金刚力士哀恋、摩耶恶梦、阿那律报丧、佛母奔丧、棺盖自启、为母说法、商办阇维、力士举棺、香楼茶毗、外道幸灾乐祸、八王分舍利、起塔供养等。西夏榆林窟第2窟的涅槃经变是与法华经变、文殊变合在一起的一个狭长画面，涅槃变只保留了入般涅槃和香楼茶毗这两个情节，且在入般涅槃图中，还减去了涅槃标志性的婆罗双树（图6-1-18）。榆林窟第3窟的涅槃经变位于八大灵塔变的上端，画面为长条横幅形，只表现了入般涅槃的场面，弟子举哀、诸菩萨两边侍立（图6-1-19）。东千佛洞的第2（图6-1-20）、5、7窟的西夏涅槃经变内容也主要是围绕入般涅槃的主体画面，分别将大众举哀、迦叶抚足、须跋陀罗身先入灭、金刚力士哀恋、

图6-1-17 莫高窟第158窟中唐涅槃变局部大众举哀　　图6-1-18 榆林窟第2窟涅槃变

图6-1-19 榆林窟第3窟涅槃变

图6-1-20 东千佛洞第2窟西夏涅槃经变

佛母奔丧、外道幸灾乐祸等有限的几个场面集中表现在一起，其他情节全部略去。

除了涅槃经变外，西夏经变类似的情节内容删减还有《观音经变》等。

第二节　经变构图的改变与革新

唐代张彦远把"六法"中的"经营位置"称为"画之总要"，将其当作"纲领"来看待，可见古代画家对绘画的构图的重视，敦煌壁画创作完美地践行了这个理论。在众多的壁画中根据具体内容和表现形式，发展出了各种各样的构图方式。西夏晚期河西石窟的经变在敦煌壁画原有的构图基础上，又有了新的调整、突破和革新。

一、经变主体对角线式的布局

突出表现在《药师净土变》中，删减前的药师净土变画面内容蔚为壮观，删减后的经变只剩下药师和两身随侍弟子。如东千佛洞第2窟的《药师净土变》（图6-2-1），画面中的人物分成两组，药师佛和两位弟子站立一边，与西夏画师在画面左下角新加上去的一组四个童子的画像刚好呈对角线布局。这种布局方式与西夏黑水城出土的七幅唐卡《阿弥陀来迎图》（图6-2-2）非常相似，只不过唐卡中将《药师经变》里童子所处的位置画成往生者的形象，其他人物的身姿和动态都侧向画面的左下角，可见二者之间有着相互影响的关系。另外，榆林第3窟的观无量寿经变中，同一画面中的两条对角线还组成了X形的布局（图6-2-3），在敦煌经变中比较少见。

二、多种经变的组合式构图

敦煌经变早期多绘于龛楣处或人字披顶上，初唐开始形成通壁大画，尤其是净土经变中，逐渐形成药师净土变和阿弥陀净土变同时绘制在相对的两面墙壁上的情况，随着中晚唐以后社会的动荡，鸿篇巨制的通壁经变大画锐减，画面也开始缩小。

在西夏的榆林窟第2窟的《文殊经

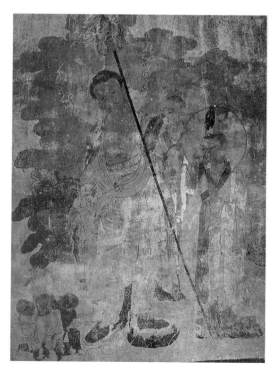

图6-2-1　东千佛洞第2窟药师净土变

图6-2-2　黑水城西夏唐卡《阿弥陀来迎图》

图6-2-3　榆林窟第3窟西夏观无量寿经变

变》与《观音经变》、《涅槃经变》画面组合在一起的布局和构图，这在敦煌经变中少见。画面中心是纵幅的《文殊经变》，两边条幅位置上绘制《观音经变》，上下横幅画的是《涅槃经变》，这种布局或许是为节约墙壁绘制的面积，但也可能与受到当时八大灵塔经变构图布局风格的影响有关（图6-2-4）。西夏时期八大灵塔经变的绘制十分流行，如东千佛洞第5窟和榆林窟第2窟的西夏八大灵塔经变，画面中间纵长画面为释迦破魔大塔，两边条幅中的四个方格分别绘有四大灵塔，上下横幅为涅槃经变的画面（图6-2-5）。

三、侧面行进与正面静止状态的活用

西夏经变在画面状态的呈现上，常展示出与唐宋经变不同的态势，如动态画面改变为静止画面，正面改变为侧面。或者在动态与静态、正面与侧面的组合中，灵活地根据经变的材质、版面，及径变在画面上的具体位置等情况，进行了大胆的调整和改变。

敦煌经变中《炽盛光佛经变》一直是主体人物随牛车侧面式的行进状态的布局，如莫高窟出土的晚唐《炽盛光佛经变》、61窟的《炽盛光佛经变》（图6-2-6）壁画等。肃北五个庙西夏第1窟的《炽盛光佛经变》壁画与黑水城、宏佛塔出土的西夏《炽盛光佛经变》唐卡，都将以往《炽盛光佛经变》的侧面行进状态改变为正面静止的画面布局方

图6-2-4 榆林窟第2窟东壁中间文殊图像

图6-2-5 榆林窟第3窟涅槃变与八塔变

图6-2-6 莫高窟第61窟甬道炽盛光佛变

图6-2-7　俄藏黑水城炽盛光佛变卷轴画

式（图6-2-7），而且这种正面布局方式直接影响了以后元代其他《炽盛光佛经变》的布局构图，如山西广胜寺下寺的两幅经变壁画。另外，唐宋药师变多为以说法为中心的正面对称式布局，但莫高窟第418窟简化后的西夏《药师经变》，几乎与药师五尊巡行图类似，药师及胁侍菩萨都足踏莲花，作面向右侧行进的状态。[1]

小　结

作为敦煌经变尾声的西夏经变，其发展从早期对敦煌经变的亦步亦趋模仿，到渐进式风格继承发展，再到中后期根据自身愿望和需求，对经变内容情节的删繁就简，对经变布局构图的灵活调整等，使得原本已陷僵化、程式化的敦煌经变，在西夏时期为之陡然一变。其原因或许与敦煌经变在漫长的发展探索中，一直重在对佛经内容的阐释、解说、展示、宣传的宗教功能，而中晚期的西夏经变多沿袭敦煌经变之主脉，弃其枝叶之铺陈。关注信仰之功利性、实用性、弱化宗教之复杂性、深奥性等有关。当然也不乏经济条件限制、民族艺术率性而为等原因。

---

[1] 段文杰主编：《中国敦煌壁画全集（西夏·元）》，天津人民美术出版社，1996年，图版19文字说明，第9页。

第七章　西夏经变中的山水背景

　　先秦时期就已出现"图画山川奇异"的情况，楚国屈原遭放逐时，看到"先王之庙及公卿祠堂，图画天地山川神灵，琦玮僪佹，及古贤圣怪物行事，因书其壁，呵而问之，以渫愤懑"而创作出了历史名篇《天问》。汉代众多的画像石、砖上也出现了许多山水风景场面。及至魏晋，目前遗存的山水画仍附属于人物画，在画面中充当背景。如北魏线刻《孝子石棺》、东晋顾恺之的《洛神赋图》等。但顾恺之的《画云台山记》及南朝刘宋宗炳的《画山水序》等理论著作，皆围绕山水创作而谈，见解精辟深远。由此推知，当时还应有独立的山水画创作。隋唐山水画中，由展子虔的《游春图》可知，山水画已独立发展，且在空间透视、比例等方面渐趋成熟，至五代两宋时期山水画发展达到高峰。设色上，在唐青绿山水、水墨山水的基础上，又出现了金碧山水、浅绛山水等；在地域上，出现了气势磅礴的北方山水和清秀明丽的南方山水交相辉映的气象，从此山水画成为中国画中的一大画科。

　　敦煌石窟保存的大量壁画山水，补充了唐以前卷轴山水画传世的不足。就敦煌壁画中出现的大量山水画，王伯敏先生曾将其分为四类："配于经变中貌似寻常实非一般的山水；配于佛传或本生故事中的实景山水；佛国世界的净土山水；生活现实中的自然风光。"[1]也有人将敦煌壁画中的山水分为衬景山水、专题山水和完整独立的山水画。这两种分法大致是依据山水所在画面内容的类别、山水的性质，若从山水在敦煌壁画中的位置、功能的角度来划分，即山水画从边角、陪衬发展到全景和主体的历史进程来看，本文将之划分为早期的边角山水、唐宋小背景山水、小品山水和西夏全景山水这三个阶段，会更能揭示其发展的内在特点。

---

[1]　王伯敏：《莫高窟早中期壁画山水再探》,《学术月刊》1987年第8期。

第一节　装饰性的设色边角半景山水

敦煌壁画中的山水从早期边角山水，发展至隋唐的山水背景、山水小品，以及西夏时期的全景山水的过程中，其功能从图案化的装饰、陪衬逐步跃升为背景主体、写实性的全景山水，从平面空间拓展到三维空间，揭示出敦煌山水画发展的几个重要阶段。

一、边角山水与装饰配置

敦煌壁画中早期的山水画主要是边角山水，主要功能是充当背景或用以分隔故事情节，表现出一种强烈的装饰性，在画面中起到点景、补景、配景和衬景的作用，常用赭、土红、黑、青几种不同色块，构成大大小小近似于三角形的山峰，并使其高低错落或平列布置在画面的边角，山顶处用赭色勾勒出树的形状，出现"群峰之势，若钿饰犀栉，或水不容泛，或人大于山，率皆附以树石，映带其地。列植之状，则若伸臂布指"的效果。代表性洞窟有北魏第254窟、第257窟、第290窟；西魏第249窟、第285窟；北周第428窟、第296窟等。其中第257窟的《九色鹿本生》（图7-1-1）中，三角形或锥形的小山在人物画面下端排列，通过不同的色块平涂，呈前后错落的关系。同窟的《须摩提女请佛故事》（图7-1-2），则是通过山岳之间的前后穿插排列、错落遮挡来

图7-1-1　莫高窟第257窟九色鹿本生壁画局部

营造一定的空间感，画面中通过上下左右几座山峰的巧妙前后错落将禅修者修行的洞窟包围其中，展现了禅修环境的静谧幽深。此外，还有北周第428窟《萨埵那太子本生故事画》中，先用墨线勾勒三角形的山石的轮廓，接着分别以赭红、青、黑三色平涂后，再将山石横向或斜向或曲线方向叠压排列，来表现群山的起伏连绵。类似的情况还出现在北魏第254窟《萨埵那太子舍身饲虎》、西魏第285窟南壁的《五百强盗成佛图》等。

二、背景山水和小品山水

唐代前期的山水画大体可分为两类。一类可称为背景山水，主要出现在一些大幅经变画中，如《涅槃经变》、《法华经变》和《观音经变》等。背景山水与早期

图7-1-2　莫高窟第257窟须摩提女请佛故事壁画局部

的边角山水最大的不同表现在：因边角山水在画面中担当画面故事、场景的分界功能同时，起到画面装饰、衬托、点缀的效果，所以同一幅画面中的边角山水是独立的，边角与边角之间的联系是松散的。隋唐以来经变画中的背景山水多布满全壁，各局部的山水、树石等景致和谐统一，相互联系，有机地形成一个整体（图7-1-3）。需要说明的是，经变中的背景山水只是从早期的边角发展至半景或全背景，作为画面主体背景的山水，依附、从属、服务于主体内容的表现，这与五代两宋时期趋于写实的"全景山水"理念还有着巨大的不同。

小品山水通常在大铺壁画的一角，是整个画面的一部分，与早期的边角山水相比，小品虽然也起到分隔故事内容、转换故事情节的功能，但小品山水已经完整的山水小景，通常只服务于经变画面中的一个情节。如盛唐第103窟南壁西侧法华经变"化城喻品"，画面有四组山峰，左边一组危崖耸立，崖上绿树苍郁，右侧流水潺潺。左上方一组山峰远远峭立，下方溪流掩映其间。构图灵活自然、画面清新生动，山景近大远小，有一定的空间透视感。类似的还有中唐第112窟《报恩经变》上部山水、南壁《金刚经变》山水；中唐第238窟西壁龛内南侧；中唐榆林窟第25库北壁的耕获图；五代第61窟西壁佛传图中的太子观耕图等。中晚唐山水画开始追求写实化的透视效果，且青绿山

图7-1-3 莫高窟第321窟初唐宝雨经变局部

水为主流的水墨山水所替代。在中唐第112窟南壁《金刚经变》中山势奇崛，峰峦峻峭，云环雾绕，意境幽深。北壁的《报恩经变》除中部主峰外，两侧有山水小景，山石以墨线勾勒，转折处棱角分明，表现出了岩石的质感，设色浅淡，皴擦笔触可见（图7-1-4）。

敦煌壁画的功能虽然是图解的佛教教义，其中的山水更非创作的主体和目的，但隋唐时期这些山水画无论是山水背景还是山水小品，从构图、布局或是透视关系、比例关系看，都已经是严格意义上的山水画，与敦煌早期处于装饰功能的边角山水已经有了本质的区别。

图7-1-4　莫高窟第112窟中唐报恩经变局部

第二节　写实性的水墨全景山水

　　"全景山水"虽然唐代已有所探索，但没有形成体系，直到五代时期荆浩的出现，才在前人的基础上创立了完整的"全景山水"图式。其特征是"山水，大物也……画山水有体，铺舒为宏图而无余，消缩为小景而不少……凡经营下笔，必合天地。何谓天地？谓如一尺半幅之上，上留天之位，下留地之位，中间方立意定景。……山水先理会大山，名为主峰。主峰已定，方作以次，近者、远者、小者、大者，以其一境主之于此，故曰主峰，如君臣上下也"。[1]即画面上下要留有天地，以巍峨的主峰耸立于画

[1]　荆浩：《林泉高致·山水诀》。

图7-2-1　北宋范宽《溪山行旅图》

面的中心，四周山峰高低错落，与之遥相呼应，群山之间飞瀑奔流，密林中古寺掩映，山麓小桥茅舍等。整个画面由山顶至山脚、由近景至远景，层层推移，目之所及无论开合仰俯、高低曲直、大小错落，均有机地统一于画面中，形成一写实、完整的山水境界，真正实现可行、可望、可游、可居的理想（图7-2-1）。此外，全景山水空间的辽阔，景象万千，与以往不同，山水已跃升为画面的主体，而人只是山水画面众多景致中之一。西夏经变中的山水画经过长时间的发展，其榆林第3窟的文殊变与普贤变中的山水画，布局构图、表现手法和艺术风格等诸多方面，与以往经变山水相比有很大的变化，逐步从象征、装饰、陪衬性的设色边角山水、背景山水，发展至晚期成熟写实的水墨全景山水。

一、边角、半景与背景山水

古人云，山以水为血脉，山得水而活。唐宋经变中的山水画，多是将山的描绘和水的刻画密切联系在一起，而西夏早中期的山水画更多地表现了地势辽阔、山多水少的内陆状况，且在用色上，山水画面多呈赭黄色。如东千佛洞第5窟的《普贤变》中的山水背景，位于普贤经变的最上端，为边角山水（图7-2-2）。画面远处三角形的小山，是用赭色笔轻轻勾勒后，又在山头和山的背阴处稍加晕染，表现出山的体积和走势，形成参差交错、连绵起伏的山峦景象；近处的山峦同样用赭色笔勾勒出层峦叠嶂的陡峭轮廓，随即用笔作披麻皴，并在山头用墨略加勾染，以表现山的远近层次感，在山顶上，大小均匀"丰"字形的松柏随山势起伏、高低错落。

西夏榆林窟第29窟的《文殊变》和《普贤变》，将以往经变中的边角山水，扩大为

图7-2-2　东千佛洞第5窟普贤变

全部画面1/2的半景山水，并且山水的刻画和描绘也开始出现个性化的手法和特点，如经变中具有装饰图案特点的山峰和云朵。第29窟《文殊变》（图7-2-3）的山水背景中被处理成几何图案形的山峰，先用墨勾勒轮廓，然后用墨稍加晕染，且所有的山峰密密麻麻地叠加在一起，形成一道屏障，在深邃的穹宇中，与暗色天空形成鲜明的黑白对比效果，使山峰如斧削般的"冰峰"一样，重重叠叠刺向天空。在冰峰之上，"丰"字形的松柏毅然挺立。由于冰峰背景占据了画面的1/2，给人一种扑面而来的清凉和寒意。肃北五个庙第1窟《文殊变》和《普贤变》（图7-2-4）的山水背景中，天空深邃苍远，

图7-2-3 榆林窟第29窟文殊变

图7-2-4 五个庙第1窟普贤变

衬托出峰峦叠嶂的银色山峰。在奇峰峭立、沟壑幽深的山谷中，云气飘渺、林木萧森，山石树木间可见水墨点染的效果。这些清冷、萧瑟、枯黄的山水与唐宋经变山水氛围截然不同，概与地域环境有关。

二、写实性的水墨全景山水

西夏经变除了延续唐宋以来山水画只作为背景陪衬或风格画面故事内容的手段外，还真正将山水背景提升到画面主体的位置，使原先处于从属地位的边角山水、背景山水，转变为画面主体的全景山水。其代表性的作品如榆林窟第3窟的《文殊变》和《普贤变》山水画，在经营位置、构图布局、空间透视和大小远近的景致组合处理上，都展现出五代宋以来的全景山水的特点。

《文殊变》的山水画面中，远处群山耸峙，峰峦环抱，奇石突兀，中间主峰巍峨，高远幽深，环抱着巍峨的佛寺庙宇，山间云雾飘渺，一派仙界的神秘与虚幻的感觉。山的背后出现一道彩虹，山脚下一岩洞大门半开，自内射出一道白光，画面充满了神异之气；左部数峰侧立，瀑布直下，寺庙楼阁隐现于环山烟水之中（图7-2-5）。中景一片翻腾汪洋的云海，文殊菩萨手持如意半跏趺坐于青狮背上的莲座上，与诸天菩萨巡行于云海之上。在同窟的《普贤变》中，画面远处山峦叠嶂、奇峰突兀。在峰回路转的山涧处，寺院楼阁或隐或现，屋角飞檐高低错落，水榭平台雕栏曲折；在幽谷的深处，也有简朴清净、雅趣宜人的竹篱茅舍，虹枝盘旋，绿树掩隐。近处坡岸峭立，怪石嶙峋，沟壑纵横，水流湍急（图7-2-6）。画面中心云浪翻滚，普贤菩萨和圣众正在半空中驾云疾行。画面中还有瀑布飞泉直泻而下，水中绽开美丽的莲花，海水的波纹也略为平缓，水面上往来的是巡海的夜叉。

榆林窟第3窟的《文殊变》和《普贤变》，在以往的基础上，首次将画面中占二分之一的山水背景，扩大和改变为全景式山水，改变了唐以前山水只作点缀配景的

图7-2-5　榆林窟第3窟文殊变局部

图7-2-6   榆林窟第3窟普贤变局部

图7-2-7   榆林窟第3窟文殊变

格局，将其作为主体背景，从上至下从左至右，横贯画面的始终，并将人物推至较远的视觉空间（中景），使其处在一个优美辽阔壮观而深远的自然环境之中，给观者一个身居高处鸟瞰全景的感觉，将高远、平远和深远这些古代山水绘画的透视法则有机地结合在一起（图7-2-7）。敷色上，浅绛结合的青绿山水赋色极为简淡，造型注重用线而辅以晕染，整幅画面呈现出焦墨薄彩的艺术效果。作为石窟经变中的山水画，无论是艺术手法还是艺术表现都达到了前所未有的艺术发展的成熟阶段（图7-2-8）。

小　　结

西夏经变中的山水画，从早期的边角发展至经变故事中的背景，从装饰点缀到半景、全景，从几何图形、图案到青绿浅绛山水，从简单的山川树木到崇山峻岭、奇观云海，其山水题材风格、技法表现与审美追求，成为敦煌经变山水创作的巅峰。需要指出的是，历史上的敦煌因战争动荡等缘故，其艺术发展较中原相对滞后，但西夏榆林窟中文殊变与普贤变中的全景山水，几乎与当时的中原山水发展保持了同步的态势。与唐宋政权相比，西夏无论在经济上还是文化上，都无法与之相提并论。但经过不断的学习借鉴，相对落后的西夏，在经变山水背景的表现理念与技法上，都远远超越了其自身的时代局限，这无疑印证了艺术发展的相对独立性，即"社会发展较落后民族的艺术，在一定时期内超过了较先进民族艺术的发展水平，

图7-2-8　榆林窟第3窟普贤变

以致出现了一定程度的倒流现象"。[1]当然也不排除一种情况，参与西夏经变绘制的不乏来自中原的技艺精湛的画师。但在当时的环境下，西夏与中原画师的画风之间到底有着怎样的过往和交流，尚待未来的研究发现。

---

[1] 成葆德主编：《中国传统艺术的继承与弘扬》，宁夏人民出版社，1999年，第140页。

第八章　西夏经变中的建筑界画

马克思说："宗教本身是没有内容的，它的根源不是在天上，而是在人间。"[1]敦煌《观无量寿经变》、《阿弥陀经》、《药师如来本愿经》、《弥勒上生经》等经变画中，所叙述的西方净土、东方净土或兜率天宫等都是超越世间的佛国世界。对照经变画中的净土建筑来看，虽然画家试图依照佛经的描述，努力创造出超越世俗的建筑，但经变中绝大多数建筑的雏形仍来自世俗社会。且自唐宋以来，中原建筑界画日趋成熟的技法，在西夏经变中也得到鲜明的体现。此外，敦煌早期壁画中，人与山、动物与山的比例关系出现了"人大于山"、"动物大于山"的情况。发展至唐宋时期，经变中人与建筑的比例关系也出现了"人大于建筑"的情况，但在西夏时期的经变画中，人与建筑的比例关系日趋合理与和谐，为敦煌的界画、山水画及经变画的整体发展，奠定了重要的基础。

第一节　严谨精湛的界画技艺

界画是中国古代画科中的一种，是利用界尺来准确描绘楼阁屋宇和舟船桥梁等的建筑绘画。其技法严谨工细，讲究法度，虽一点一笔，皆要求中规中矩，合乎实物比例。敦煌壁画中界画用途甚广，大至窟内布局，小至装饰图案中的规矩方圆，都有界画的存在。

一、敦煌壁画中建筑界画的发展

发展至初唐，界画已成一科，净土世界中错杂的宫殿楼宇，高耸矗立的重楼叠阁，前庭后殿的布局等，皆使用了界画的方法，不仅栌栱斗拱皆合规矩，在建筑单体和细部的表现上，不再只用隋代的粗线来表示构件的剪影，而是较仔细地画出了各个小构件的体积以及穿插关系（图8-1-1）。盛唐经变中，建筑无论是整体结构，还是屋顶边角、

---

[1] 1842年11月30日《马克思致阿卢格的信》，《马克思恩格斯全集》二十七。

图8-1-1　莫高窟第321窟初唐建筑

门窗廊柱、台基勾栏和斗拱梁柱等，一律用红褐色粗笔或细笔勾画；在建筑物细节的处理上，改变以往雷同的图案化处理方式，开始注重屋顶檐角轮廓舒展的曲线美，特别是对檐下最为繁琐工细的斗拱处理，将其穿插嵌接的关系都交代得很清楚。如法华经变、阿弥陀经变、弥勒经变、观无量寿经变、药师经变等经变中，众多的楼台殿阁、回廊平台、水池飞梁组合成的"佛国世界"，已经能熟练地掌握绘画透视的基本法则，较准确地表现建筑物正侧俯仰、阴阳向背的立体形象，特别是展现群体建筑的远近、高低层次的变化规律，使其产生壮阔而深邃的空间效果。中晚唐的建筑界画承接盛唐风范继续向前发展（图8-1-2），五代因循晚唐，北宋又沿袭晚唐和五代旧式，逐渐程式化而失去了生命力。与唐宋经变中的界画相比，西夏晚期经变首先将绘画的重心转移至对建筑及

图8-1-2　莫高窟第159窟中唐观无量寿经变局部

界画的丰富表现上，整体上呈现出与唐宋以来截然不同的新奇风貌。

二、西夏经变中建筑界画的成熟

在榆林第3窟北壁与南壁的《观无量寿经变》（图8-1-3）中，两幅壁画中的佛寺布局相近，寺院最后部正中为重檐歇山顶的大殿，两侧为贯通的长廊。大殿的台基为须弥座，前台基左、右分设踏道。南壁所画后廊的左右端有重檐攒尖方亭。殿前庭院左右各一水池，池中各矗立一座两层重檐歇山顶楼阁。南壁的楼阁下层四面还各接出一个歇山面向前的龟头屋（图8-1-4）。两池的前方，南壁经变中的建筑较简单，为长廊连接的左、中、右三座覆重檐歇山顶门屋。北壁的配置较复杂（图8-1-5），其正中建筑是一座单层重檐歇山殿堂，殿堂四面又各接出一个龟头屋。在殿堂左右各有一重檐攒尖方亭。这三座建筑都分别立在木台上，木台架立于水中，但三座木台间可相交通。[1]《观无量寿经变》无论是殿堂楼阁、庭院水榭，还是曲栏斗拱屋檐、台阶门窗棂格等，皆一

---

[1] 萧默：《敦煌建筑研究》，机械工业出版社，2003年，第78页。

图8-1-3　榆林窟第3窟南壁的观无量寿经变　　　图8-1-4　榆林窟第3窟西夏观无量寿经变局部

点一画合乎规矩和准绳，不是其他画种可以相比的；构图上，力求对称均衡，上下呼应，并用极细的笔触勾画了建筑的细部，使画面呈现一种疏密有致的状态，从而成为非常严谨精美的建筑界画。如中心大殿宏伟的重檐歇山顶上，正脊中间的宝瓶和两端装饰的鸱吻刻画精细；正中的屋檐平直舒展，与两端檐角微微上扬的角翘形成精细微妙的曲直对比，檐下的斗拱处于屋顶和屋身两个较为简洁的大面之间，西夏画师将斗拱穿插交错、起伏进退的繁复深密，与上下简洁的大面又形成繁简对比，其凹凸错综的关系和特点界笔直尺勾画得清清楚楚，同样的还有大殿前左右两个七宝池中双层重檐歇山顶的楼阁；除了高大的殿宇建筑外，繁复华丽的台基和勾栏也是西夏界画中精心刻画和着意表现的，中心大殿下的须弥台基最下层的一圈装饰为青色覆莲花瓣，往上依次是两层花形纹图案，中间须弥座束腰层为忍冬纹图案，须弥座台基两边设有单独的带扶手勾栏的台阶，中间为十二块方形花砖铺就的慢道；大殿两边后廊以及经变画面最前端的横排门屋、长廊也都是建在装饰复杂的台基上，勾画均匀、比例准确、结构对称，一点一画皆合乎规矩和准绳，其所附带的勾栏与殿前左右两个七宝池的勾栏一样，最下层为黑白分明方块装饰的散水，勾栏扶手下的花板一律都镂空成均匀的菱形小洞，甚至有些洞孔中还可以看到勾栏后面的物件（图8-1-6）。整幅经变画面突出和刻画的是殿宇楼阁、长廊勾栏和台基阶道，在构图和布局上，力求对称均衡，上下呼应，疏密有致，在局部

图8-1-5　榆林窟第3窟北壁观无量寿经变　　　图8-1-6　榆林窟第3窟西夏观无量寿经变局部

上，用极细的笔触勾画了建筑的结构和部件。另外，其构图、设色、用线都与唐宋以来的壁画风格大异其趣，而与南宋绘画及稍后的元代永乐宫壁画作风十分接近。所绘建筑的结构造型也与唐代流行的样式有很大区别，却和内地宋金建筑风格相通，尤其与河北正定隆兴寺建筑更为接近。二者之间的这种相似，尤其是大殿的四正面都加龟头屋抱厦的做法竟如此一致，连龟头屋的间数都相符，除现知的这个资料外，尚不见于他处。[1]

　　东千佛洞第7窟前室左壁的不知名净土变（图8-1-7），与榆林第3窟西夏的两幅《观无量寿经变》相比，整体结构布局基本相似。在画面的最后端是横贯左右的长廊。长廊前方的正中是一座三开间的重檐歇山顶大殿，大殿的两端各有一个两层单檐攒尖顶的楼阁，其中左边为藏经楼，楼阁上层画出了搁有层层经卷的经架；右边为钟楼，楼阁上层内绘有一口大钟。大殿前方的左右还各有一个重檐歇山顶的单层楼阁，都建在华丽的台基之上。在画面的最前端是一横排建筑，中间为前后有凸出平台的重檐歇山顶建筑，两端又各是一重檐歇山顶的方形建筑，三者之间有一长廊相连。在画面的中心、大殿的前方形成了一个开阔的庭院，院中主尊阿弥陀佛端坐在须弥台座上的莲花宝座上，前后两边簇拥着众多的菩萨、弟子等天众，在庭院两边和前端建筑的勾栏、台阶、长廊

[1] 萧默：《中国建筑艺术史（上）》，文物出版社，1999年，第426页。

图8-1-7 东千佛洞第7 窟净土变

和屋宇内，也有多人均匀分布其中。

　　类似风格的界画作品还有西夏文殊山万佛洞西夏《弥勒上生经变》、黑水城出土的木刻版画《弥勒上生经》卷首画。文殊山万佛洞西夏《弥勒上生经变》（图8-1-8）画面最下层绘一堵宫墙，气势高大、宽厚、宏伟犹如城墙一般，据经文，兜率天宫"垣墙高六十二由旬厚十四由寻"，墙上同样开三座大门，上有门楼，门楼间有雕梁画栋的长廊相连。院内的菩提树葱郁茂盛，树冠呈尖桃形；水池中碧波荡漾、莲花盛开，横向的曲栏水桥架于其上（图8-1-8局部1）。这应该是经文里所描述的琉璃渠，"时诸园中有八色琉璃渠，一一渠有五百亿宝珠而用合成，一一渠中有八味水，八色具足，其水上涌游梁栋间于四门外化生四花，水出花中如宝花流"。[1]画面的主体建筑是一进横向排列的前殿和后殿，中轴线上有长廊相接的"工"字形的庭院，殿侧各有角楼，并有双塔形

---

[1] 宋居士沮渠京声译：《佛说观弥勒菩萨上生兜率天经》，《大正藏》卷一四，第418-420页。

图8-1-8　文殊山弥勒上生圣经变

的高层建筑。这是佛经中对兜率天宫的描绘，而实际上采自当时高墙门院和"工"字形的庭院建筑，并加以理想化的结果（图8-1-8局部2）。其中殿堂楼阁的铺作斗拱、椽角瓪瓦、曲栏台级、门窗棂阁，皆以界尺作画，条垄规矩，对建筑物作了形象的表示（图8-1-8局部3）。画面中化光萦绕，强烈地渲染了宗教气氛，同时也显示出构图上的变化。

图8-1-8　局部1　文殊山
万佛洞弥勒上生经变

图8-1-8　局部2　文殊山万佛洞弥勒上生经变

图8-1-8 局部3 文殊
山万佛洞弥勒上生经变

第二节 人与建筑的和谐比例

中国古代遗存的美术作品中，人物与建筑形象出现较多的是汉代画像石，主要分布在山东、河南及四川等地区。画像石中出现了门阙、住宅、水榭、桥梁等建筑类型。事实上这些建筑是示意性和象征性的，是对现实中规模巨大、院落重重的建筑群落的抽象和概括。[1]这些图像中，人物与建筑的比例与客观现实尚有距离，基本上都是建筑大于

---

[1] 周学鹰：《认读"汉代建筑画像石"的方法论》，《同济大学学报（社会科学版）》2000年第3期。

人，在一定程度上反映了早期绘画艺术对人与建筑的比例关系的把握。但魏晋南北朝时期，以顾恺之《洛神赋图》（图8-2-1）为代表的人物画中出现了"人大于山，水不容泛"等特征，以往学界传统的观点是此现象反映出早期山水人物画的稚拙，人物与背景中山的比例失调等。但近来也有学者对此提出异议，有观点认为除了绘画技巧的原因外，应还有人的主观创作意识在其中，即众生大于无生命的山石，讲求佛法"众生平等"的原因使然。[1]也有观点认为这种比例关系不是稚拙而恰是成熟，这种成熟并非来自对客观世界比例关系的真实经验的正确摹写，而是来自当时特定文化观念或宗教图式文化的影响等。[2]发展至隋展子虔《游春图》（图8-2-2），人物与山水掩映中的舟桥、农舍、寺庙的建筑比例适当，空间处理具有透视感。唐李思训为"国朝山水第一"，文献记载其界画作品有《九成宫纨扇图》、《宫苑图》和《阿房宫图》等，其中《阿房宫图》"山崖层叠，台阁千里，车骑楼船，人物云集，悉以分寸为工，宛若蚁聚，委蛇远

图8-2-1　《洛神赋图》局部

[1] 王伯敏：《莫高窟早中期壁画山水再探》，《学术月刊》1987年第8期。
[2] 孟宪平：《对"水不容泛，人大于山"误用之批评——反思古代美术史研究的一个视角》，《南京艺术学院学报（美术与设计版）》2010年第4期。

图8-2-2　《游春图》

近，游览仪形，无不纤备"。[1]由此可知，古代绘画发展至隋唐时期，在人与建筑的比例关系上，已经日趋合理和谐。

一、敦煌经变中的"大人"与"小人"

在敦煌早期的故事画中，树木与人物组合在一起表现出空间的远近与深度。北朝后期的壁画中，建筑形象也增多了，画家们利用建筑形成的独自的空间以及建筑内外的关系表现出不同的空间特点。而唐代的经变画中则综合地利用人物、建筑、山水等因素，使空间表现进入一个新的时代。[2]

敦煌壁画中，早期的建筑多出现在佛传或因缘故事画中，如北魏时期第257窟的《九色鹿本生》，溺人告密的画面中，国王及王后坐在象征宫殿的屋檐下，两侧分别是高高的角楼和建有马面的宫墙。与汉画像石的特点一样，壁画中的个体建筑省略了建筑的门窗墙壁等细节，为象征性的表现，人与建筑的比例也是示意性的。同窟类似的情况还有壁画《沙弥守戒自杀》、《须摩提女请佛》等。发展至初唐第431窟的壁画《观无量寿经变》、中唐158窟的《天请问经变》等（图8-2-3），突破以往建筑的象征性画法，将经变中夯有地基、建有墙檐的外围宫墙的实体建筑形象客观地表现出来，且"画师们不仅真实地画出了庄严壮丽的深宫宅院，而且也合理地处理了人与建筑之间的比例关系，

[1]［明］高濂：《燕闲清赏笺论画》，《中国古代画论类编》，人民美术出版社，2005年，第122页。
[2] 赵声良：《敦煌壁画风景研究》，中华书局，2005年，第107页。

图8-2-3　莫高窟中唐第158窟《天请问经变》

并表现了立体空间"。[1]

　　但需要说明的是，以上壁画中的建筑多是反映世俗生活场景与帝王宫殿，真正展示佛国净土世界建筑，即便是在中国建筑发展成熟的隋唐时期，敦煌壁画中呈现的依旧是人大于建筑的特征，这在经变画中表现得尤为突出。经变的主体（佛、十大弟子、八大菩萨、诸天、四天王、八众部等）被密密匝匝地安置在画面的中心位置——净土天宫大殿前的露天平台或水榭上，为了突出经变主体人物，还按照其身份、地位和等级的不同，对其神态、服饰、身姿等一一精心描画，形象上有大有小，但整体上人物与周围建筑的比例失当，常常出现人大于建筑的情况，作为建筑载体的楼台亭阁等处于次要的陪衬地位。此外，佛菩萨等依据身份地位的不同，在画面中的艺术表现呈现出鲜明的大小、近远等特征。

二、西夏经变中和谐的人与建筑比例

　　发展至西夏，经变画中建筑与人的比例关系开始得以调整，经变中的人物只是建筑中的组成部分，在人与建筑的比例上，人物更接近实际中人与建筑的客观比例。

　　在榆林第3窟北壁与南壁的《观无量寿经变》中，突出和增大画面中的建筑实体，将净土世界中的人物比例缩小、人数减少的同时，取消了唐宋时期中心大殿前水上设置

---

[1] 中国敦煌壁画编辑委员会编：《中国敦煌壁画全集5（敦煌初唐）》，辽宁美术出版社，2006年，图版说明第27页。

图8-2-5　榆林窟第3窟观无量寿经变局部

众多平台的做法，转而留出宽敞开阔的庭院空地，将天人部众有条不紊地按"X"形安置其间，主尊佛和胁侍等按地位身份的尊卑分别安置在殿宇或长廊中。特别是天宫中的乐舞队伍，人数精简后，置于画面最前端的门屋建筑中。整个画面布局中建筑远大近小、疏密有致、错落分布，建筑中的人与物比例得当适中，建筑与人都成为画面的主体（图8-2-5）。

建筑中以"大人"与"小人"的对比关系来区分人物主次的艺术手法，是中国传统文化中"以大为美"的审美原则的具体运用。绘画中的人物形象以"礼"为出发点，人在社会中地位的尊卑贵贱决定了其在画面里的大小、近远、精粗的艺术表现。"古代人物画中频频出现人物比例的反差——从'大人'到'小人'的过渡，不仅仅是艺术创作主次关系形式美的需要，更是'礼'教审美思想的反映。以'大为尊、遵礼为美'，顺应了礼教原则的艺术才视为时代美的艺术。"[1]即便是佛国世界净土，投射的也是人间世俗审视的标尺。如唐阎立本《步辇图》（图8-2-6）突出中心位置主要人物太宗李世民形象的沉稳、高大、宏伟，引导官、吐蕃使臣禄东赞、白袍内官和宫女等次要人物的比例依次变小，这种递变远超客观现实生活中的比例关系。传为阎立本的《历代帝王图》（图8-2-7）中13位的帝王与身旁侍从的比例也形成了巨大的反差。作为主体人物的帝王形象，其比例明显大于次要的侍从，通过人物大小的比例来表现画面人物的主次尊卑关系。这种依据人物身份地位尊卑而形成的"大人"与"小人"形象的创作，无疑与敦煌壁画的创作理念如出一辙。

小　结

界画自魏晋始正式出现于画坛，因其绘制需要直尺和界笔的辅助，一笔一划须合乎规矩准绳，所以常被与工匠和匠气等联系在一起，且自唐宋至明清一直受到文人画家的轻视

---

[1] 韩梦林：《中国古代人物画的"大人"与"小人"》，《电影评介》2009年第7期。

图8-2-6　《步辇图》

图8-2-7　《历代帝王图》

和排斥。但界画在宋元时期依然达到了创作发展的顶峰。反观敦煌壁画，自魏晋至唐宋，敦煌经变中的建筑界画虽与时俱进，但未见宋元经变中界画精品的出现，唯有西夏经变，不仅出现与中原界画同步发展的情况，同样在技术方面达到界画创作的高峰，成为敦煌壁画中仅有的个案。而传统绘画中历史最悠久的人物画，其教化功能在汉魏唐宋尤为凸显，敦煌壁画作为传统绘画的重要组成部分，其教化功能同样在佛教世界中人物的摹与身、大与小中体现出来。但西夏经变在承袭传统人物大小理念中，已发展出人与建筑比例的自然和谐。

第九章 西夏经变图像的世俗化

为了生存发展，自佛教输入后，就不断地吸收和借鉴中国文化，并逐渐中国化。因此在中国化的进程中，不可避免地受中国本土的儒教、道教及神话传说等因素的影响，其世俗性、杂糅性日趋明显，其中尤以石窟壁画最为突出。除了佛教故事内容外，经变壁画中还出现了当时中土众多世俗日常生活情景、远古神话传说和道教人物形象等。尽管这些情况早在魏晋时期就已出现，但发展至西夏，经变绘画中还出现了具有民族特征的人物形象，为敦煌及西夏经变增添了新的风貌和情调。

第一节 世俗神话与道教人物

为适应中国社会，魏晋始佛教逐渐将中国远古神话，秦汉阴阳五行、天文历法、占星术及道教延命等思想陆续纳入其教义中。在此背景下，北凉时期的石塔上出现了用易经八卦、北斗七星阐明佛教教义的图像。敦煌第249窟、第285窟窟顶的四披，不仅出现了如飞廉、飞仙、四神、伏羲、女娲等形象，发展至初唐时期的第329窟中还出现了道教中乘青龙的仙人形象（图9-1-1）。与此同时，佛教为了争取王权与信徒的支持，与儒道论争中有妥协，出现了事君孝亲的宝雨经变、劳度叉斗圣变、报恩经变、父母恩重经变等，涅槃经变中还新增与中国孝道有关的"佛母吊丧"、"棺盖自启为母说法"等情节。[1] 除此之外，佛教绘画汇总更融入了大量的世俗生活场景，如耕种收获（图9-1-2）、婚丧嫁娶、儿童嬉戏等，这些场景在西夏经变中也有众多表现。

一、世俗生活画面

经变画是根据佛教经文内容铺就和演绎的佛教世界，其间的佛与菩萨等形象尊卑有序、等级森严，但在敦煌经变画中，隋唐以来众多佛教壁画中加入了日常生活中的瞬间

---

[1] 殷光明：《敦煌壁画艺术与疑伪经》，民族出版社，2006年，第34页。

图9-1-1　莫高窟初唐第329窟乘青龙的仙人

图9-1-2　榆林窟中唐第25窟一种七收

图9-1-3　东千佛洞第2窟西夏药师经变局部

或情景，在神秘威严的氛围中显露出丝丝缕缕的世俗气息。唐乾宁四年（897）的绢画《炽盛佛并五星》中，光芒四射的炽盛光佛坐在各种珠宝、图案、飞边和流苏装饰的牛车中。车辕所驾的黄牛，犄角坚挺，牛眼圆睁，威风凛凛，不可一世。但黄牛身后的右侧，从车舆前置的经案下悄悄探出一小牛头，眼神偷窥上方，神态生动可爱，日常生活中的细节跃然纸上。西夏经变画中类似的画面也时有出现。西夏东千佛洞第2窟的《药师经变》中，药师佛左手扶锡杖，右肩前倾，右手托钵向下前伸，因为在药师的右侧下方，有四个身着世俗服饰的小孩，其中两人奋力向上托举另一个小孩，被托举者正努力用手去够取药师手中之物，剩下的一个小孩对此似乎不感兴趣，在一旁无动于衷。四个小孩描画得天真烂漫，形象生动活泼（图9-1-3），与众多肃穆庄重的佛教画面形成了鲜明的对比。[1]所有这些世俗性的细节刻画与表现，使得整个经变画面不再枯寂、肃然。

二、民间神话内容

唐僧玄奘取经是发生在唐代初年的真实历史事件，后来玄奘的门徒慧立等根据其经历撰写了《大唐大慈恩寺三藏法师传》，书中为了弘扬佛法，大量穿插一些宗教神话和历史传说，成了取经故事的先声。在佛教兴盛、佛经翻译和宣讲流行的时代，唐代寺院的"俗讲"非常盛行，取经故事也逐步成为寺院佛堂壁画的宗教题材，但在《西游记》成书之前，究竟佛教寺庙里何时才有以玄奘取经为内容的壁画，现今已无可靠的材料文字记载。目前能见到的最早取经壁画，出现在西夏时期。

榆林窟第3窟《普贤变》的山水背景中，画面左侧的波涛中突起陡岸，一块突出水面的平台上，唐僧光头，头上有光环，身着短衫，腰结带，足蹬麻鞋，双手合十，面对普贤菩萨遥向礼拜（图9-1-4）。唐僧身后是孙悟空张嘴瞪目合十打拱，一旁还有驮

[1]　段文杰主编：《中国美术分类全集·中国敦煌壁画全集·敦煌西夏元》，天津人民美术出版社，1996年，图版117文字。

经的白马，马上的经包袱放射出祥光，且
唐僧和悟空的身旁有祥云流动。类似的取
经故事画面在西夏普贤经变等画面中共
出现六次，分别在属于西夏时期的安西榆
林窟第2、3、29窟，东千佛洞的第2窟
（图9-1-5、图9-1-6）以及十一面观音
壁画中（图9-1-7）。2016年新公布的文
殊山石窟群后山古佛洞中又发现了两幅西
夏时期绘制的《水月观音图》，在其中一
幅《水月观音图》中也绘制有《玄奘取经
图》的小画面，它们与瓜州榆林窟、东千
佛洞等石窟中发现的西夏时期的《水月观
音图》及《玄奘取经图》具有基本相同的
形式。[1]

图9-1-4　榆林窟第3窟西夏文殊变局部取经图

　　仅西夏时期就出现八幅玄奘取经图壁
画，其数量之多、密度之大、题材之新，
显现出西夏时期壁画题材的新趋向，丰富
了原有经变内容的表现。同时也揭示了唐僧玄奘取经的宗教事件不仅在世俗社会中由历
史史实层面上向浪漫的神异方向发展，且在艺术层面，西夏已率先将其纳入石窟壁画艺
术的表现中，展现出民族艺术的开放性和创新性。

三、道教人物形象

　　西夏道教信仰也十分流行和普及。西夏开国皇帝李元昊的太子宁明就曾因跟随定仙
山的道士路修篁学习辟谷法不食而死；公元1081年宋军对西夏大举进攻，在夏人四散
逃避时，灵州城中有僧道数百人；黑水城出土的文物中有晋人郭象注《庄子》和宋人
吕惠卿著《庄子解》等残本。[2]西夏经变中还大胆地将道教中的人物形象融入佛教经变
中，在榆林窟第3窟的文殊变与普贤变中，许多人物造型与当时道教壁画人物类同（图
9-1-8）。

[1] 张小刚、郭俊叶：《文殊山石窟西夏〈水月观音图〉与〈摩利支天图〉考释》，《敦煌研究》2016年第2期。
[2] 李蔚：《简明西夏史》，人民出版社，1997年，第329页。

图9-1-5　东千佛洞第2窟西夏取经图

图9-1-6　东千佛洞第2窟西夏取经图

图9-1-7 榆林窟第2窟取经图

图9-1-8 榆林窟第3窟文殊变局部

第二节　世俗人物中的民族形象

唐五代以来，敦煌壁画中出现的吐蕃、回鹘、于阗及西域其他民族的人物形象，无论在神态面貌、服饰形象还是在个性特征方面，空前地打破了敦煌壁画中佛菩萨圣众及供养人等形象日趋模式化的局面。发展至西夏时期，经变画中又陆续出现了众多西夏民族特征的人物形象，其服饰、神态因年龄、性别和身份等各异，个性特点鲜明。如女性头戴高冠，穿交领右衽窄袖开衩袍，脚着钩鞋等。男性圆面高准、鼻隆颐满、长眉细目、嘴小唇厚，且一些形象的眼眸中，眸子偏点于下眼角的眼睑处，造成眼睛白多黑少的情况。此外，男性民族人物还多见秃发，甚至儿童亦然。西夏建国之初，积极致力于恢复鲜卑旧制，曾颁布了秃发令。"秃其发，耳重环"。此外，元昊"改大汉衣冠"，在服饰上恢复民族传统习俗，规定西夏人必须身着窄袖衫，腰束带，垂蹀躞。由此可见，西夏政权在发展的历史进程中对其民族主体文化氛围的营造与建设，因此在画面内容丰富的经变画中，能较为清晰地捕捉到西夏民族的人物形象特征。

一、秃发童子形象

西夏的主体民族党项族早先"被发"、"蓬首"，受鲜卑及契丹的影响，建国前李元昊下达了秃发令，令国人在三日内一律秃发，违者处死，于是百姓皆"秃发、耳重环"。据研究，西夏的秃发依蓄发的有无及形制，分为六型。秃头，即光头，剃掉头部的所有头发；头顶蓄一撮或长或短的头发，其余的全部剃去；两鬓或头顶各蓄一撮或长或短的头发；前囟门处的发剃掉，其余则蓄之；头顶和后脑部的发剃掉，其余的保留等。[1]

在秃发令的影响下，西夏壁画中也出现了秃发的童子形象。西夏石窟壁画中的童子有飞天童子、化生童子和供养童子等。其中经变画中出现最多的是化生童子、善财童子等，且最多出现在阿弥陀佛来迎的画面中。佛教宣扬人有四生："一曰胎生，二曰卵生，三曰湿生，四曰化生。""化生"即"花生"之意，即从西方净土世界中莲花中化生出世。北朝以来的化生童子多绘全身或半身、赤裸或下身着裤，双合掌或持莲，或跪或立于莲花之上。榆林窟第3窟西侧北壁的文殊变中，绘一被圆光包围的全身裸露、颈戴项圈、脚踩莲蓬、臂缠飘带、手捧莲花的化生童子。该童子发型为典型的西夏人特有的秃发样式，其头顶留一撮头发，分披两边下垂（图9-2-1）。此发型还可在黑水城出土的《阿弥陀净土世界》壁画残片中看到。榆林第29窟西壁中间的普贤变中，普贤坐骑右下

---

[1]　朱存世：《西夏秃发的类型》，《北方文物》2002年第2期。

图9-2-1　榆林窟第3窟文殊变局部

方红衣童子，穿圆领羽袖红色短衫，腰后带系结，裸下身，赤脚穿白色短袜靴。童子左
腿前跨，右腿后蹬，身体前趋瞬间又转身回首，其双手合十，形态生动活泼（图9-2-
2）。该童子同样秃发，不仅头顶的前额处留一小撮头发，且面相具西夏人特征，两颊圆
硕、鼻高目细、体格健壮。黑水城出土的卷轴画、版画《阿弥陀来迎图》中也出现了秃
发的童子形象，只在头顶留一两或三小撮头发（图9-2-3），多数童子除了身披飘带外，
还在后颈处系有大大的蝴蝶结，且有的童子脚上还穿着白色的短靴袜（图9-2-4）。在
《普贤与供养人图像》中，也能看到秃发、只在头顶留一两撮头发，或扎总角、或分披
两边用红色丝带捆扎的童子形象。此外，内蒙古额济纳旗出土的化生童子泥塑像，以及
宁夏拜寺口双塔西塔出土的丝绸"婴戏莲印花纹"，都有形象生动的秃发童子形象。[1]

---

[1] 王胜泽：《西夏佛教艺术中的童子形象》，《敦煌学辑刊》2015年第4期。

图9-2-2　榆林窟第29窟普贤变局部

图9-2-4　黑水城阿弥陀来迎图局部

图9-2-3　黑水城阿弥陀来迎图局部

二、民族男性形象

文献中记载，西夏男性身形高大，肤色黧黑，圆面高准、鼻隆颐满、耳饰重环。从西夏绘画中的供养人形象来看，大致与文献描述相一致（图9-2-5）。在西夏石窟壁画中的文殊变与普贤变中，菩萨的侍从眷属中有些确实与唐宋经变中诸天众弟子的中原人形象截然不同。他们面相长圆，两颊丰硕，耳饰重环。有的交头接耳，或将目光瞥向画外；有的轻松自在，或若有所思；有的肃然木立、神情近乎呆滞。此外，还有一些五官中出现了鹰鼻、白眼、八字眉。

如榆林窟第29窟的文殊变（图9-2-6）中，文殊圣众眷属中一头戴华冠、浓眉细眼、鹰鼻高耸、下巴外突、颌下系带、耳饰重环的人物，其侧面向上，表情倨傲（图9-2-7）。身穿世俗官服的帝释头戴通天冠，面相长圆，修眉细目直鼻，同样耳饰重环，身着世俗交领阔袖官服。在帝释和菩萨的前边分别是一身天王和世俗老者形象。天王面部阔圆，双眉略呈"八"字，圆眼。在文殊右边菩萨的左前方，为一天王形象，装束基本与文殊右边的天王相同，只是西夏画师将天王的眸子点在小而圆的双眼下眼睑处，使面相略显滑稽。同窟的普贤变中，普贤的右侧有一着世俗官服者，亦作侧面相，头部微微前伸上仰，戴通天冠，粗眉细目，鹰鼻高耸，下颌突出，腮部有茂密浓黑的须髯。文殊左侧前有一天王形象，两腮圆硕，眉毛短粗，圆瞪双眼，眸子又是白多黑少，鼻尖高翘，腆腹持器而立（图9-2-8）。

图9-2-5　榆林窟第29窟西夏供养人

图9-2-6 榆林窟第29窟文殊变

图9-2-7 榆林窟第29窟文殊变局部　　　　　　图9-2-8 榆林窟第29窟普贤变局部

　　画人物难，画眼点睛更难。人物画中，眼睛的画法尤为重要。晋代画家顾恺之深知其精妙，曾提出"传神写照，正在阿堵中"。西夏画师频繁地将人物的眉眼画得别具一格，据此推测，应与当时西夏民族形象特征有一定的关联，但这种关联在以往相关研究中是被忽视的。

三、民族妇女形象

　　文献中记载的西夏女性的冠服，别具民族特色。西夏法典明确规定："次等司承旨，中等司正以上嫡妻、女、媳等戴冠，此外不允许戴冠。"[1]皇后戴凤冠、金起云冠，贵族女性戴"四瓣莲蕾形金珠冠"，冠有紫、红、黄、黑色，在冠沿、冠梁有金珠装饰，有的在冠侧还插钗，或冠带下垂，这在西夏壁画中女供养人的形象上可以看到（图9-2-9）。此外，西夏贵族妇女还有一种受回鹘影响的"桃形冠"。[2]平民女性梳高髻，一般用头巾包住或用绳束之，这一形象可见于甘肃武威出土的木版画《五女侍》中（图9-2-10）。服饰方面，贵族妇女穿缘边交领窄袖开衩长袍，袍有红、紫、褐、绿、蓝等颜色，袍上分别有大小团花，袍内穿百褶裙，脚穿勾鞋（图9-2-11）。

图9-2-9　西夏贵族妇女

[1] 史金波等译注：《天盛改旧新定律令》，法律出版社，2000年，第283页。
[2] 魏亚丽：《西夏贵族妇女冠式研究》，《西夏学》第十三辑，甘肃文化出版社，2016年，第248页。

图9-2-10　甘肃武威出土的木版画《五女侍》

图9-2-11　榆林窟第29窟西夏女供养人

黑水城出土的西夏绢本《持经观音图》中，在观音菩萨金刚宝座右侧下角，绘两身女供养人，均头戴四瓣莲蕾形金珠冠，冠侧垂带，额上、两鬓、脑后头发松散地下垂系在后颈，且两侧头发还将耳朵全部遮住。二人身着红色交领右衽窄袖开衩长袍，袍内系百褶裙。裙裾长及脚踝，脚穿尖钩鞋（图9-2-12）。二人前方分别有西夏文榜题，前一译为"白氏桃花"，后一译为"新妇高氏焚香"。头冠、服饰类似的还有榆林窟第29窟女供养人、西夏绢本《阿弥陀佛接引图》画面下角的女供养人、西夏文《高王观世音经》卷首画中观音菩萨前的女供养人等。有研究表明，西夏贵族妇女所戴高冠源自古代鲜卑族男女所戴的常冠，从山西大同北魏司马金龙墓、内蒙古呼和浩特北魏墓出土的泥塑、陶俑中，都可以看到这种鲜卑族冠式的原型。[1]

图9-2-12　黑水城出土的卷轴画西夏《持经观音图》局部

　　西夏贵族妇女除了戴冠穿长袍外，还面部傅铅粉，两颊施胭脂、唇点口脂，明显源自唐宋宫廷妇女的妆容遗风，如上述西夏绢本《持经观音图》中的女供养人等。此外，黑水城出土的《炽盛光佛变》中，星曜女神两颊还饰有长圆形的红色妆靥，这在遗存的敦煌及黑水城地区的图像资料中很少见（图9-2-13）。从西夏党项早期的族源及与吐蕃的关系，以及与来自吐蕃的藏传佛教等的关系来看，这种妆容的出现或许与吐蕃流行的"赭面"习俗有关，"据《旧唐书》贞观十五年（641）前后'赭面'之俗在吐蕃本土十分流行，随着吐蕃势力的扩张，'赭面'习俗逐渐影响到河西广大地区甚至波及长安。特别是安史之乱后吐蕃对河西地区所推行的'风俗同化'统治，使'赭面'成为吐蕃文化的一个标志性风俗，并作为一种异文化在其他地区被接受"。[2]此妆容在敦煌地区及西夏图像资料中比较少见，因此为研究西夏时期妇女形象习俗及其溯源提供了重要的图像资料。

---

[1] 高春明、周天：《西夏服饰考》，《艺术设计研究》2014年第1期。
[2] 李永宪：《略论吐蕃的"赭面"习俗》，《藏学辑刊》第三辑，2007年4月。

图9-2-13　黑水城出土卷轴画《炽盛光佛变》局部

小　结

　　自佛教输入中国后，便开始了其中国化、民族化和世俗化的演进历程。其民族化从魏晋开始至隋唐，而世俗化的演变则历经魏晋隋唐至宋元明清。在这漫长的发展阶段中，佛教为了自身的发展，不得不主动适应各朝各代的更替，对各朝代的政权统治及需求做出相应的调整。西夏民族的文化习俗、宗教信仰及审美取向，使得西夏榆林窟、东千佛洞壁画及黑水城的卷轴画中，出现了众多西夏民族人物和儒道人物形象，以及日常生活的场景等。西夏经变图像的世俗化，无疑就是佛教艺术与西夏民族及中国儒释道文化互动、互补共生与合流的结果。

第十章　西夏经变风格的杂糅性

佛教输入中国后，其民族化演进历程从魏晋开始至唐代近四百余年，世俗化的演变则历经魏晋南北朝至唐五代、宋元明清，前后大约一千七百年的历史。[1]在佛教民族化与世俗化进程中，不可避免地在内容与形式方面，出现各种信仰流派杂糅的情况。作为少数民族的西夏政权，对外交流的开放性、包容性和融合性，使得其集大成的经变画，在晚期的艺术发展中杂糅性的特征表现得尤为突出鲜明，出现了儒释道、中原汉传佛教与西域中亚、藏地外来教派艺术风格的杂糅等，正是在这种融合的嬗变中，西夏艺术展现出丰富多彩的艺术面貌。

第一节　经变题材形象的杂糅

西夏晚期石窟则显现出多元文化融合的特征，不但出现了北宋中原地区的新样式，也出现了许多藏传佛教、甚至是尼泊尔、印度的新题材。这一时期的洞窟，在同一窟甚至同一壁面中会同时出现显、密佛教内容，甚至同时出现汉藏两种造型风格的人物形象。线条飘动流畅的显教形象与色彩厚重、对比强烈的藏密绘画交相辉映。

一、汉显与藏密题材并存

榆林第3窟整个洞窟壁画是显密并存，且布局上交错相杂。其中南北两壁除中间均是汉传显教净土变，而其左右相夹的分别为藏密的曼荼罗，即五方佛曼荼罗、金刚界曼荼罗、观音曼荼罗和胎藏界曼荼罗（图10-1-1）。洞窟的东西两壁又分别是汉密的十一面千手观音、五十一面千手观音和汉显的文殊变、普贤变和维摩变，其中东壁两幅汉密的千手观音中又夹有两幅汉显的佛传故事画。汉地风格的显密题材如文殊变、普贤变和

---

[1] "民族化的演变大约经历了自魏晋至唐代近四百年间。世俗化的演变经历魏晋南北朝、唐朝、五代、宋元明清，大约1700年的历史。"季宏伟、孙永奇：《中国古代佛教人物画的民族化、世俗化演变》，《美术大观》2007年第2期。

图 10-1-1　榆林窟第 3 窟

千手观音壁画，皆以线描勾勒为主，构图相对灵活自由，呈现出中原汉地绘画审美趣味和风貌。而源自藏密的各种曼荼罗，严格遵循仪轨绘制，受其限制和束缚，显现出鲜明的程式化倾向，且形象造型对色彩的依赖远胜于线条勾勒。

东千佛洞第 2 窟中，同样是佛教的汉藏显密壁画共存。显教经变画为中原汉地风格，藏密内容则突出其藏传绘画性质。此外，榆林第 3 窟和东千佛洞第 2 窟的窟顶中央传统的藻井位置上绘有藏密的坛城图，而四周装饰的图案却又是敦煌汉显佛画中常见的回纹、连珠纹、牡丹纹、游凤纹、飞雁纹和麒麟纹等。此外，黑水城遗存的绘画中，更是汉藏显密壁画并存，既有汉传佛教的观音菩萨（图 10-1-2）、水月观音、文殊菩萨、无量寿佛等，也有藏传佛教的莲花手菩萨、十一面观音、水月观音及无量寿佛等。

西夏这些不同渊源的佛教题材并没有造成洞窟内壁画风格的对峙和冲突，反而是和谐统一、交相辉映。这些壁画的绘制是西夏显、密画师分工创作与合作，还是同一批画师兼擅或融会不同风格而作，以及这些画师的身份技艺的渊源如何，这些无疑都是未来需深入探讨的新方向。

二、水月观音形象的多源

三十三观音中的杨柳观音，踞坐岩上，右手执杨柳为其标志。水月观音的相关文献没有提及所持之物，目前遗有水月观音名称与内容题榜的五代宋时期水月观音，画面中

图 10-1-2　黑水城观音菩萨

图 10-1-3　莫高窟第17窟五代水月观音

水月观音多持杨柳枝和净瓶，但观音持物用手或所做手势也略有不同。法国吉美博物馆所藏绢本《水月观音》、大英博物馆所藏纸本《水月观音》与敦煌石窟第20窟壁画水月观音相似，皆左手托（提）净瓶，右手持杨柳枝。而大英博物馆所藏绢本水月观音（图10-1-3）、敦煌石窟第6窟、第124窟壁画水月观音双手持物刚好与前二者相反。手势方面，敦煌第124窟、第21窟壁画水月观音，左肘搭在膝上，右手置于莲座的莲瓣上。敦煌第431窟水月观音壁画中，水月观音左手手心向上，置于腹前，右手抬起拇指捻中指、无名指，食指伸，小指尖翘。

　　发展至西夏，水月观音在唐五代及宋的基础上，在持物、道具与手势等方面，又有了新的变化，其形象与其他三十二观音之间存在着鲜明的杂糅的情况。

图10-1-4　东千佛洞第2窟水月观音

（一）对持经观音形象的借鉴

经箱是佛教的法器之一，为放置佛经之用。五代宋时期的水月观音中经箱没有出现，但在西夏榆林窟和东千佛洞的水月观音壁画中，经箱却有三幅之多，如榆林第2窟西壁南侧的水月观音、东千佛洞第2窟的两幅水月观音等。东千佛洞第2窟的水月观音的木纹经箱，长方形箱体，盖为盝顶式，箱体下四角有足，经箱上置有两本册装经书。同窟的另一幅水月观音中的经箱，形制与前者相同，但无足。经箱上平置七卷轴经书，卷轴下平铺布质经帙。且前者画面中的水月观音右手执经书，目光下视，作阅读状（图10-1-4）。

水月观音中的持经阅读形象，在敦煌体系中是首次出现，其与三十三观音中的持经观音相似。持经观音"箕坐岩上，右手持经卷，表三十三身中之声闻身"，可见水月观音对持经观音的借鉴与杂糅。

（二）对白衣、叶衣观音形象的借鉴

五代宋纸绢本水月观音或游戏坐、或轮王坐、或抱膝坐于水边的岩石上。而五代宋敦煌石窟壁画水月观音多坐于岩石上的莲台上，如回鹘时期的第21窟、宋代的第20窟、第124窟、第431窟等。但东千佛洞第2窟持经阅读的水月观音，结跏趺坐于圆形的类似蒲草制成的草垫之上。榆林窟第2窟西壁南侧的西夏水月观音，轮王坐于巨大的莲座上，莲座上也罩有类似蒲草的饰物。

三十三观音中只有白衣观音和叶衣观音坐草垫上。"白衣观音，敷草坐岩上，结定印，表三十三身中之比丘、比丘尼身"；"叶衣观音，敷草坐岩上，表三十三身中之帝释身"。由此可知，东千佛洞的这幅水月观音借鉴了白衣观音和叶衣观音的草垫。

（三）对青颈观音形象的借鉴

五代宋纸绢本水月观音独坐于水中的岩石上，其背后的坡岸或圆光中多竹、笋等植物，没有山石。敦煌石窟第20窟、第237窟等宋代壁画水月观音背景中开始出现山石形象，但水月观音仍直身或斜身坐于岩石上。发展至西夏时期，榆林窟第2窟西壁北侧的西夏水月观音却倚坐于身后的山石边，且其左前方的岩石上置一净瓶，瓶中插有杨柳枝

10-1-5　榆林窟第2窟水月观音

（图10-1-5）。这与三十三观音中的青颈观音相似，"倚岩，左方有瓶，插以柳枝，表三十三身中之佛身"。此外，同窟西壁南侧的水月观音、东千佛洞的其他两幅水月观音虽没有倚坐山石，但其右前方或左前方的净瓶中同样也插有杨柳枝。[1]

第二节　经变形式个案的杂糅

藏传绘画背景中出现了大量图案、格式化的山峰形象，学界多将其称之为岩山，诸多的岩山被概括、简化为密集排列组合的彩色条状，成为藏传绘画艺术中的一个重要组成部分。西夏黑水城与安西东千佛洞、榆林窟的经变画中，几何化与格式化的山峰、边框与棋格分界边饰等同样展示出艺术形式的杂糅。黑水城唐卡画面的分界线除了沿用卫藏风格绘画中的样式和手法，还将卫藏时期坛城中装饰的金刚杵运用到唐卡空行母的边饰中。黑水城唐卡的边框与棋格分界边饰还直接影响了东千佛洞西夏经变画的绘制。

---

[1] 王艳云：《西夏石窟壁画中水月观音的传承与流变》，谢继胜等主编《汉藏佛教美术研究》，上海古籍出版社，2009年。

一、几何化岩山背景发展

图 10-2-1　黑水城唐卡阿弥陀

西夏黑水城出土的唐卡（图 10-2-1），直接沿用了卫藏早期的艺术样式，无论装饰风格还是简洁风格的岩山，在黑水城唐卡的背景中均有表现，且在藏传风格浓厚的重色略线的演化中，开始出现冷色调的时代特征。与此同时，还将中原绘画与园林艺术中太湖石自然形成的天然孔洞，装饰在这种冷色调简洁风格的岩山上。这种艺术形式也为东千佛洞经变壁画所效仿，在东千佛洞，藏地风格的岩山形式又与敦煌的中原、中亚艺术相结合，突出表现在榆林窟西夏经变画中几何化、格式化的水墨山峰，榆林窟元代壁画则承启黑水城和东千佛洞的山峰圆洞样式，在供养菩萨人数和佛龛简化后的情况下，更加突显了几何化岩山全景构图和自然意趣，如榆林窟第29窟西夏文殊变背景中的岩山（图 10-2-2）等。

图 10-2-2　榆林窟第29窟文殊变

岩山这种彩色的条状山峰早已经引起部分专家学者的注意："主尊背龛的样式与尖契状的岩山图案经常见于11—12世纪的西藏唐卡"；[1] "如来在鹫峰山上布道《般若波罗密多经》，背景是代表鹫峰山艺术化的岩石……然而到了萨迦时期，卫藏地区的一些画师也逐渐开始使用带有某种风格的岩石。这明显地反映出一种泥瓦尔——元宫廷风格在西藏的传播"；[2] "最上沿绘有南亚的热带植物，每一个蹄状龛形之外，都饰有竖立如峰的条状山石图案，这种山石的图案化处理方式和装饰于唐卡人物之间的位置安排，是这一时期的风格特征之一，并沿用到西藏艺术的鼎盛时期"。[3] 对这种几何图案化、格式化的岩山形象渊源研究得较为深入的是俄国掌管黑水城出土文物的研究员Kira Fyodorovna Samosyuk博士。他在著作中引用Dr. M. Rhie的见解，提出这种特殊的格式化的岩山的画法，早在2世纪就出现于印度雕刻，稍后又见于印度与尼泊尔发现的手描本。这种岩山的绘制风格从尼泊尔和印度传到西藏，再从西藏传入黑水城。他还提出：这种岩山的画法并不见于中亚绿洲的壁画，或敦煌早期的作品中；带有中国风格的木刻画中，其群像以云朵或天宫为背景，而尼泊尔—西藏的木刻画中则以山峰为背景，彷佛暗示诸神都住在喜马拉雅山上。[4]

公元11世纪西藏西部的阿基寺石窟《十一面观音及胁侍天女》壁画中，十一面观音的头光和身光上端，绘有似峭立起伏的山峰，边缘锐利陡峭，在山峰的基部有白色圆形装饰。东嘎石窟壁画局部中，有绘制的山石图案，画面中山石采用图案化处理手法，或条状或波浪状，以表现直立的峭壁和起伏的岩山，且无论条状直立的峭壁还是起伏的岩山上，都有不规则的断裂口，呈现出山石的峻峭和质感。在阿基寺11世纪的石窟壁画《绿度母》中，侧身矗立在绿度母身后有一方尖形红色神龛，龛上部的尖顶和两端为高低、长短不一的深蓝色的条形装饰，与东嘎石窟壁画局部的条状山石类似。

早期的几何化、格式化的岩山明显呈现出两种风格和趋势，即简洁风格与装饰风格。简洁风格的山峰，除藏传绘画惯用的红、黄、蓝、白等色彩外，以条状尖顶几何外形为主，没有其它装饰。如卫藏早期绘画《绿度母》（图10-2-3）背景中，彩条状楔尖山峰直立排列，除个别的岩山一侧中部为弧形，多数岩山整齐排列没有修饰。布达拉宫收藏的公元12世纪的著名佛学大师贡塘喇嘛向蔡巴的缂丝唐卡《贡塘喇嘛相像》（图10-2-4）中，贡塘喇嘛向的四周布满了彩条状的岩山，山石间有鸟、兔、猴、狮等动

[1] 谢继胜：《西夏藏传绘画黑水城出土西夏唐卡研究》，河北教育出版社，2002年，第172页。
[2]［德］大卫·杰克逊著，向红笳、谢继胜、熊文彬译：《西藏绘画史》，西藏人民出版社、明天出版社，2001年，第58页。
[3] 于小东：《藏传佛教绘画史》，江苏美术出版社，2006年，第102页。
[4]［俄］Kira Fyodorovna Samosyuk：《西夏王国的艺术：历史与风格上的诠释》，载许洋主译《丝路上消失的王国——西夏黑水城的佛教艺术》，台北"国立"历史博物馆，1996年，第69页。

图10-2-3　卫藏早期绘画绿度母　　　　　　　图10-2-4　贡塘喇嘛相像

物出没。每个条状尖顶的山峰上，由白色纵列的点线分成主峰和左右侧峰，其中左边山峰与主峰1/2或1/3处，有一弧线与之相交。装饰风格的岩山在原有的条状尖顶的外形基础上，单一的条状被分成上下或左右几个部分后，通过色彩由浅至深逐次晕染，体现一组山的高峰与低峰、主峰与侧峰。除此之外，在具体的岩山上，出现了涡纹、谷纹等纹饰。如早期卫藏绘画中的上师上端背景中，高低两排的山峰前后叠压；后面的岩山山峰原先的楔尖外形变缓变曲，在岩山一侧有涡形装饰；前面的低岩山形波浪尖，在岩山的正中有涡形装饰。每组岩山两边，还间隔着细条状楔尖形山峰。

　　西夏藏传绘画中的山峰同样分为装饰风格与简洁风格两大类型。西夏黑水城与都城兴庆府地区出土的藏传绘画中，装饰风格的山峰在卫藏的基础上，外形和装饰发展演变得越来越丰富。黑水城出土的释迦牟尼佛说法图（残片）（图10-2-5）中，绘制有成组的条状曲缓的楔尖形岩山，两至三个大小高低不同的山峰重叠错落在一起，有的岩山上有如意形的云朵状装饰。黑水城出土的阿弥陀佛背景中，每组条状山峰由前低后高两种山峰组成，有的后高峰两个峰尖前后叠压，有的前低峰两个峰尖前后重叠，再加上色彩的递次晕染，以示山峰前后远近的重叠关系；每组山峰的顶端和中部有涡纹、谷纹和云头等卷曲的纹样装饰。宁夏贺兰拜寺口双塔出土的绢质唐卡《上师图》背景中的条状波

图10-2-5　黑水城释迦牟尼说法图残片

浪尖的山峰，与卫藏的《贡塘喇嘛相像》上的一样，被纵线分割成主峰与侧峰。与以往相比，这里的主侧峰上有较多的涡形、谷纹和云头等装饰纹样，其中云头纹样与黑水城出土的阿弥陀佛上的云头非常相似，二者应有渊源的关系。

西夏藏传绘画中的简洁风格岩山，在原先卫藏条状尖顶的岩山的基础上，演变出规则塔松形、长菱形、斜方形和其他不规则的条形等；且岩山的主体上，出现了标志性的小圆洞装饰。黑水城出土的《金刚亥母》唐卡中，画面右侧正中供养的上师背后一侧，绘有简洁的条状云头状的岩山。黑水城出土的西夏缂丝《绿度母》（图10-2-6）背景中，条状岩山棱角分明，有的孤峰直立，有的边缘不规则，有的近似塔松一层一层向上，但在岩山上有一到两个圆洞，有的圆洞甚至画出了具有透视效果的进深和厚度。这种圆洞形的装饰，还出现在东千佛洞第5窟前室左壁的《绿度母》背景中，条状的岩山皆由菱形或斜方形的石块组成，上面也装饰有小圆洞，风格与黑水城出土的《绿度母》背景中的岩山比较接近。

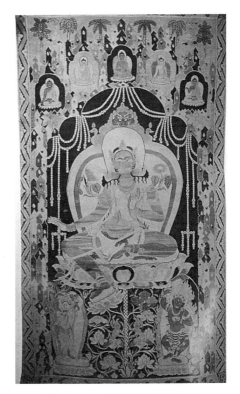

图10-2-6　黑水城缂丝绿度母

同窟右甬道上的水月观音残画中，观音身后耸立的山石由带圆洞的菱形石块组成，风格与手法近似条状岩山。黑水城出土的西夏文佛经《般若波罗密经》木刻插图《佛陀释迦牟尼鹫峰山布道图》中，代表鹫峰山的条状岩山上也装饰有圆形的小洞。

　　榆林窟第29窟东西壁上的文殊变与普贤变背景中，群峰峭立如壁，约占画面的2/3，山峰虽然还稍具写实的痕迹，但不规则山峰重重叠叠，分不清首尾和起止，其格式化手法和水墨递次晕染所呈现出山峰的前后远近和高低的视觉关系，与藏传绘画中的条状岩山有着相似之处。此外，同样在肃北五个庙西夏的普贤变和文殊变的画面中，具有图案装饰意味的群峰也巍然耸立。

二、五色莲花边框的运用

　　西藏早期，除主尊和供养菩萨的莲座边缘外，许多石窟壁画中并不普遍使用具有装饰功能的分界边饰，如阿基寺石窟中的《十一面观音及胁侍天女》、《释迦牟尼》和《时轮金刚》等壁画。其中，后两者的画面中，主尊两侧供养的佛龛画像由于使用红、蓝两种不同背景色而形成自然的分界线。卫藏风格早期的唐卡中，开始流行棋格分界边饰，如五色莲瓣、宝珠、山峰及其变体五色方块等，并逐渐将不同边饰组合在一起。喜马拉雅密教艺术《金刚亥母坛城》（图10-2-7）中，虽然边饰以五色莲瓣为

图10-2-7　《金刚亥母坛城》

主，但不同位置的莲瓣演化出方形莲瓣、交错形莲瓣、交错形叶状和方块形等边饰。卫藏早期绘画艺术《达隆巴金刚亥母坛城》中，四周边框中左右下皆为五色莲瓣边饰，但画面上端两排棋格的竖格与上边框为多种边饰的组合，种类样式非常多，有五色三角形、莲瓣、菱形格嵌宝珠、对称的草叶状和上下圆球与长短方块组成的石柱形。受卫藏风格的影响，黑水城出土的唐卡中，许多画面尤其是棋格式布局中的分界线，在沿用早期卫藏风格的莲瓣、宝珠、山峰变形的基础上，又演绎出一些新的分界边饰图案。

（一）五色莲瓣边框分界线

　　黑水城出土的唐卡《金刚亥母》中的

棋格分界线没有任何边饰，只在画面下端
主尊与供养天女间使用了红、黄、蓝、白
等五色莲瓣的分界线。唐卡《上乐金刚和
金刚亥母坛城》四周的边框上使用了五色
单层莲瓣。《白伞盖佛母》四周的边框内
装饰的五色莲瓣用金线勾边，内饰有涡状
卷草文饰，类似的还有药师佛画面中的边
框（图10-2-8）。五色莲瓣分界线同样被
使用在东千佛洞西夏第2窟的《绿度母》
和《十一面观音》的画面边框和棋格分割
线内，其中《绿度母》棋格分割线中横线
上的五色莲瓣，还被处理成上下莲瓣交错
的布局样式；《十一面观音》中，棋格的
横分界线为五色莲瓣，纵分界线为长菱形
格中镶嵌五色宝石，艺术手法与卫藏和黑
水城风格的相同。宁夏贺兰县宏佛塔出土
的唐卡《上乐金刚与金刚亥母坛城》，四
周边框同样使用了五色莲瓣黑水城出土的
刺绣唐卡《空行母》中，四周边框为横大
纵小的金刚杵，画面下端的分界线为五色莲瓣。

图10-2-8　黑水城药师佛唐卡局部

（二）五色莲花边框分界线

公元11世纪卫藏风格的缂丝唐卡《贡塘喇嘛相像》和唐卡《绿度母》中，前者除
背景布局外，三纵列首尾衔接的五色条状的山峰直接充当了主尊与两侧棋格、以及棋格
间的自然分界线；在主尊与画面下端的供养佛、菩萨之间，五色条状山峰又倒伏成两横
排，充当画面内容的分界线。后者的背景中，直立如条状的几何图案化的岩山被就地运
用在画面的棋格分界线上，其中主尊与两侧棋格内菩萨之间为守卫相接的两纵列五色山
峰分界线，这种分界线在主尊与画面下端供养天女之间，除一条五色莲瓣的分界线外，
在五色莲瓣上，还有两层由背景中条状山峰直接演变为长短相间的五色横方块的分界
线。上述两种基本相同的分界线的处理，手法灵活机动，艺术效果和谐、统一。

西夏东千佛洞第5窟《绿度母》（图10-2-9）的背景中，菱形和斜方形的石块组成
的条状岩山替代了卫藏以来的棋格布局手法，运用条状几何形岩山，将主尊和众多的供
养佛和菩萨分主次前后进行间隔和布局，条状山峰的分隔与穿插自然随意，改变了以

图 10-2-9 东千佛洞第5窟绿度母

往泾渭分明的刻板与拘谨。榆林窟元代第4窟的《绿度母》、《白度母》和《灵鹫山说法图》中，条状岩山在作为画面主尊与两侧供养菩萨的衬托背景的同时，还自然形成天然分界线，且画面下端的横条分界线很独特，似乎是条状的山峰被水平截断，与卫藏早期两幅唐卡的艺术处理手法有异曲同工之妙。

小　结

西夏黑水城与东千佛洞、榆林窟在藏传绘画上有着密切的往来和交流。这种交流呈现出多样性、复杂性和杂糅性，体现在中外艺术之间、汉藏艺术之间，以及西夏诸地域之间，和西夏、元之间艺术的交汇与杂糅。具体表现在西夏时期东千佛洞的藏传壁画在传承黑水城艺术的基础上，大胆与中原文化相融合，于藏传艺术的样式中传达出中原文化的神韵；同为安西石窟的榆林窟，在借鉴东千佛洞的形制、体系的同时，部分细节也直接延续着黑水城藏传风格的独特样式。[1]

---

[1] 王艳云：《西夏黑水城与安西石窟壁画间的若干联系》，《宁夏社会科学》2008年第1期。

余 论

艺术发展多是由模仿到提升再到创新的渐进过程。

以党项为主体的少数民族政权西夏，从文献记载可知其早期的社会状况中，绘画艺术应处于蒙昧状态。西夏建国后，开放、包容、多元的民族政策，使其通过对中原汉族及周边其他民族文化的不断学习和借鉴，最终在西夏晚期达到了艺术的自觉、自主，经变中的山水、建筑及人物画技艺发展激变，进入了艺术创作的自由之境，使其经变艺术成为千年敦煌壁画最后的华彩乐章。

在对以往敦煌经变绘制模式的被动学习、模仿和借鉴中，西夏画师逐步有了辨别和取舍，在后期的具体创作中，开始形成符合民族审美需求的独立艺术见解，培养出熟练的艺术技巧，最终超越自身局限，创作出画风优美、气势宏大、意境深邃的经典艺术作品，展现出他们在创作中的主体性和主导性。但随着佛教绘画艺术性的逐步提升，其宗教功能性也开始削弱。经变画中西夏画师将自然山水、世俗生活的客观感受与宗教世界、神秘净土的想象相结合，运用艺术手段，描绘出宗教世界的神秘性与世俗场景的真实性、生动性及典型性。经变绘画既有客观的现实的根源，又有主观的意识作用，因而其艺术性创作的自由、现实的素材与宗教性的功能限制，某种程度上成为经变艺术提升飞跃的障碍。可以说，中晚期西夏经变艺术的激变、提升，应是以往敦煌壁画中宗教性功能在西夏时期衰减弱化、世俗杂糅的结果。发展成熟的西夏经变运用了新的艺术语言和表达方法，表达了自身的需求与愿望，融入本民族的形象与情感。其间展现出西夏画师对经变题材的理解力与筛选，对经变主题的把握与表现，对经变创作过程的自由驾驭。这些都是其对敦煌以往经变的审视和认知基础上的飞跃和提升，揭示出西夏画师无传统窠臼之束缚，有新颖灵活之激变的时代风貌。

但仍需指出的是，西夏经变研究中仍有诸多不足，有待以后研究的深入，如经变题材相对中原滞后，但艺术表现却与中原同步；石窟壁画中的经变与版刻插图经变之间的异同等；敦煌莫高窟、安西石窟与黑水城西夏绘画艺术之间的具体联系等。

主要参考文献

一、著作

敦煌文物研究所：《敦煌莫高窟内容总录》，文物出版社，1982年。

敦煌研究院编：《段文杰敦煌研究五十年纪念文集》，世界图书出版公司，1996年。

敦煌研究院编：《敦煌研究文集·敦煌石窟经变篇》，甘肃民族出版社，2000年。

敦煌研究院编：《榆林窟研究论文集》，上海辞书出版社，2011年。

谢稚柳：《敦煌艺术叙录》，上海古籍出版社，1996年。

史金波、白滨、吴峰云编著：《西夏文物》，文物出版社，1988年。

陈炳应：《西夏文物研究》，宁夏人民出版社，1985年。

史金波：《西夏佛教史略》，宁夏人民出版社，1988年。

李范文编：《首届西夏学国际学术会议论文集》，宁夏人民出版社，1998年。

宁强：《敦煌佛教艺术》，（台湾）复文图书出版社，1992年。

韩小忙、孙昌盛、陈悦新：《西夏美术史》，文物出版社，2001年。

谢继胜：《西夏藏传绘画：黑水城出土西夏唐卡研究》，河北教育出版社，2002年。

［俄］比奥特罗夫斯基编、许洋主译：《丝路上消失的王国：10至13世纪西夏黑水城的佛教艺术》，（台北）历史博物馆，1997年。

［俄］捷连提耶夫-卡坦斯基著，王克孝、景永时译：《西夏书籍业》，宁夏人民出版社，2000年。

［俄］孟列夫著、王克孝译：《黑城出土汉文遗书叙录》，宁夏人民出版社，1994年。

俄罗斯科学院东方研究所圣彼得堡分所、中国社会科学院民族研究所、上海古籍出版社合编：《俄藏黑水城文献》，上海古籍出版社，1996年。

［法］海瑟·葛尔美著、熊文彬译：《早期汉藏艺术》，中国藏学出版社，1994年。

［日］百桥明穗著、王云译：《东瀛西域》，上海书画出版社，2013年。

陈高华：《隋唐画家史料》，文物出版社，1987年。

冯时：《中国天文考古学》，中国社会科学出版社，2011年。

［意］马可·波罗著、冯承钧译：《马可波罗行纪》，上海书店出版社，1999年。

李福顺：《中国美术史》，辽宁美术出版社，2000年。

王伯敏：《敦煌壁画山水研究》，浙江人民美术出版社，2000年。

陈传席：《中国山水画史》，江苏美术出版社，1988年。

祝重寿：《中国壁画史纲》，文物出版社，1995年。

金维诺、罗世平：《中国宗教美术史》江西美术出版社，1995年。

陈兆复主编：《中国少数民族美术史》，中央民族大学出版社，2001年。

张迎胜：《西夏人的精神世界》，宁夏人民出版社，2009年。

李范文著：《西夏研究论集》，宁夏人民出版社，1983年。

吴天墀：《西夏史稿》，四川人民出版社，1983年。

李蔚：《简明西夏史》，人民出版社，1997年。

李华瑞：《宋夏关系史》，河北人民出版社，1998年。

杜建录：《西夏与周边民族关系史》，甘肃文化出版社，1995年。

许成：《宁夏考古史地研究论集》，宁夏人民出版社，1989年。

沈从文：《中国古代服饰研究》（增订本），上海书店出版社，1997年。

任继愈主编：《中国佛教史》，中国社会科学出版社，1985年。

萧默主编：《中国建筑艺术史》，文物出版社，1999年。

二、论文

刘玉权：《敦煌莫高窟、安西榆林窟西夏洞窟分期》，《敦煌研究文集》1982年第3期。

刘玉权：《敦煌西夏洞窟分期再议》，《敦煌研究》1998年第3期。

史金波：《西夏佛教新探》，《宁夏社会科学》2001年第5期。

李静杰：《造像碑的涅槃经变》，《敦煌研究》1997年第1期。

刘永增：《敦煌莫高窟隋代涅槃变相图与古代印度、中亚涅槃图像之比较研究》，《敦煌研究》1995年第1期。

蔡伟堂：《关于敦煌壁画〈婚礼图〉中的几个问题》，《敦煌研究》1990年第1期。

沙武田：《〈弥勒下生经变稿〉探》，《敦煌研究》1999年第2期。

张元林：《从阿弥陀来迎图看西夏往生信仰》，《敦煌研究》1996年第3期。

王惠民：《肃北五个庙石窟内容总录》，《敦煌研究》1994年第1期。

赵声良：《清新隽永　恬淡细腻——肃北五个庙石窟艺术》，《敦煌研究》1994年第

1 期。

　　李春元：《安西旱峡石窟》，《敦煌研究》1996 年第 2 期。

　　李国：《河西几处中小石窟述论》，《敦煌研究》1998 年第 3 期。

　　孙修身：《敦煌石窟中的〈观无量寿佛经变相〉》，《敦煌研究》1987 年第 2 期。

　　赵声良：《敦煌石窟唐代后期山水画》，《敦煌研究》1988 年第 4 期。

　　赵声良：《榆林窟第 3 窟壁画中的亭、草堂、园石》，《敦煌研究》2004 年第 1 期。

　　万庚育：《敦煌壁画中的构图》，《敦煌研究》1989 年第 4 期。

　　万庚育：《莫高窟、榆林窟的西夏艺术》，《敦煌研究文集》1982 年 3 集。

　　段文杰：《榆林窟党项蒙古政权时期的壁画艺术》，《敦煌研究》1989 年第 4 期。

　　甘肃省博物馆：《甘肃武威发现一批西夏遗物》，《考古》1974 年第 3 期。

　　于存海、雷润泽、何继英：《宁夏贺兰县宏佛塔清理简报》，《文物》1991 年第 8 期。

　　张宝玺：《东千佛洞西夏石窟艺术》，《文物》1992 年第 2 期。

　　张宝玺：《张掖大佛寺西夏涅槃像考释》，《西夏学》第十辑，2013 年 2 月。

　　张宝玺：《文殊山万佛洞西夏壁画的内容》，《1983 年全国敦煌学术讨论会文集·石窟艺术编（上）》，甘肃人民出版社，1985 年。

　　李春元：《西夏艺术明珠——东千佛洞》，《中国文物报》1992 年 11 月 15 日第 4 版。

　　贺世哲：《莫高窟第 192 窟〈发愿功德赞文〉重录及有关问题》，《敦煌研究》1993 年第 2 期。

　　李永宁：《敦煌莫高窟第 159 窟文殊、普贤赴会图——莫高窟第 159 窟初探之一》，《敦煌研究》1993 年第 4 期。

　　王惠民：《敦煌经变画的研究成果与研究方法》，《敦煌学辑刊》2004 年 2 期。

　　常书鸿：《敦煌艺术的源流与内容》，《文物参考资料》1951 年第 2 卷第 4 期。

　　谢生保：《从〈睒子经变〉看佛教艺术中的孝道思想》，《敦煌研究》2001 年 2 期。

　　苏远鸣：《敦煌写本中的壁画题识集》，《敦煌学论文集》第 2 集，1981 年。

　　周绍良：《三卷关于变相图的榜题本事考释》，《九州学刊》1993 年第 2 期。

　　王惠民：《敦煌遗书中的药师经变榜题底稿校录》，《敦煌研究》1998 年第 4 期。

　　沙武田：《S. P. 83、P. 3998〈金光明最胜王经变稿〉初探》，《敦煌研究》1998 年第 4 期。

　　沙武田：《S. P. 76〈维摩诘经变稿〉试析》，《敦煌研究》2000 年第 4 期。

　　沙武田：《S. P. 76〈观无量寿经变稿〉析》，《敦煌研究》2001 年第 2 期。

　　张建宇：《敦煌净土变与汉画传统》，《民族艺术》2014 年第 1 期。

　　米德昉：《敦煌壁画西方净土变与药师净土变对置成因分析》，《敦煌研究》2013 年第5期。

　　公维章：《敦煌第220窟南壁无量寿经变札记》，《敦煌研究》2002年第5期。

　　王治：《敦煌莫高窟中唐西方净土变理想模型的构成》，《故宫博物院院刊》2012年第4期。

　　庞颖：《唐代敦煌莫高窟净土宗经变画建筑空间的群体组合研究》，《科技信息》2010年第36期。

　　王治：《莫高窟唐代西方净土变中的"视阶"呈现》，《中华文化画报》2013年第1期。

　　丛春雨：《论敦煌石窟艺术经变画中的情志因素与形象医学》，《甘肃中医学院学报》1990年10月第4期。

　　史忠平：《莫高窟唐代经变画中意向的心理解读》，《新疆艺术学院学报》2008年3月第1期。

　　李玉岷：《敦煌药师经变》，（台湾）《故宫文物月刊》1989年8月；《敦煌药师经变研究》，（台湾）《故宫学术季刊》1990年4月。

　　霍熙亮：《莫高窟回鹘和西夏窟的新划分》，《1994年敦煌学国际学术研讨会论文提要》。

　　关友惠：《敦煌宋西夏石窟壁画装饰风格及相关问题》，《2004年石窟研究国际学术会议论文集》，上海古籍出版社，2006年。

　　谢继胜：《关于敦煌第465窟断代的几个问题》，《中国藏学》2000年第3期。

　　沙武田：《敦煌西夏石窟分期研究之思考》，《西夏研究》2011年第2期。

　　霍熙亮：《榆林窟西千佛洞内容总录》，《中国石窟安西榆林窟》，文物出版社，1997年。

　　李国：《河西几处中小石窟述论》，《敦煌研究》1998年第3期。

　　张宝玺：《安西东千佛洞壁画内容一览表》，《东千佛洞西夏石窟艺术》，《文物》1992年第2期。

　　张宝玺：《张掖大佛寺西夏涅槃像考释》，《西夏学》第十辑，2013年9月。

　　王惠民：《肃北五个庙石窟内容总录》，《敦煌研究》1994年1期。

　　王惠民：《十年来敦煌石窟内容考证与研究》，《敦煌石窟内容总录》，文物出版社，1996年。

　　王惠民：《敦煌西方净土信仰资料与净土图像研究史》，《敦煌研究》2001年第3期。

　　王惠民：《弥勒信仰与弥勒图像研究论著目录》，《敦煌学辑刊》2006年第4期。

　　李春元：《安西旱峡石窟》，《敦煌研究》1996年第2期。

牛达生：《西夏石窟艺术浅述》，《宁夏社会科学》2007年第2期。

白文：《关中唐代药师佛造像研究》，《陕西师范大学学报（哲学社会科学版）》2010年第3期。

孙昌盛：《略论西夏的净土信仰》，《宁夏社会科学》1999年第2期。

王忠林：《净土信仰与净土图像关系研究》《理论观察》2013年第11期。

杨富学、樊丽沙：《西夏弥勒信仰及相关问题》，《内蒙古社会科学》2013年第5期。

张文良：《弥勒信仰述评》，见《中国佛教学术论典》第22册，佛光山文教基金会，2001年。

施爱民：《文殊山石窟万佛洞西夏壁画》，《张掖石窟研究文集》，甘肃人民出版社，2006年。

米德昉：《敦煌壁画西方净土变与东方净土变对置成因分析》，《敦煌研究》2013年第5期。

普慧：《略论弥勒、弥陀净土信仰之兴起》，《中国文化之研究》2006年冬卷。

［俄］玛丽娅·鲁多娃著、张元林译：《哈拉浩特发现的中原风格的作品》，《敦煌研究》1996年第3期。

［俄］萨玛秀克著、谢继胜译：《西夏王国的星宿崇拜》，《敦煌研究》2004年第4期。

［德］雷德侯：《净土变建筑的来源（摘要）》，《敦煌研究》1988年第2期。

陈悦新：《西夏佛教卷轴画的艺术风格》，《北京理工大学（哲学社会科学版）》2006年第2期。

张元林：《从阿弥陀来迎图看西夏的往生信仰》，《敦煌研究》1996年第3期

方广錩：《国土敦煌遗书〈药师琉璃光如来本愿功德经〉叙录》，《敦煌研究》2012年第3期。

党燕妮：《中古时期敦煌地区药师佛信仰》，《南京晓庄学院学报》2013年第6期。

崔红芬：《西夏〈金光明最胜王经〉信仰研究》，《敦煌研究》2008年第2期。

张子开：《敦煌普贤信仰考论》，《山东大学学报（哲学社会科学版）》2006年第4期。

韩小忙：《〈天盛改旧新定律令〉所反映的西夏佛教》，《世界宗教研究》1997年第4期。

韦兵：《日本新发现北宋开宝五年刻〈炽盛光佛顶大威德销灾吉祥陀罗尼经〉星图考——兼论黄道十二宫在宋、辽、西夏地区的传播》，《自然科学史研究》2005年第3期。

孟嗣徽：《炽盛光佛变相图图像研究》，《敦煌吐鲁番研究》第二卷，1997年。

　　孟嗣徽：《炽盛光佛信仰与变相》，《紫禁城》1998年第2期。

　　乐进、廖志豪：《苏州市瑞光寺塔发现一批五代、北宋文物》，《文物》1979年第11期。

　　王艳云编：《西夏壁画中的药师经变与药师佛形象研究》，《宁夏大学学报》2003年第1期。

　　卯芳：《榆林窟〈文殊变〉、〈普贤变〉的绘画艺术探赜》，《西北美术》2011年第3期。

三、博硕论文

　　王晓玲：《西夏晚期石窟壁画艺术特色探析——以榆林窟二窟、三窟、二十九窟、东千佛洞二窟为例》，西北师范大学2007年硕士学位论文。

　　张敬全：《从西域净土信仰到中原净土宗的转变》，新疆师范大学2008年硕士学位论文。

　　许立权：《中国药师佛信仰研究》，陕西师范大学2014年硕士学位论文。

　　李海波：《唐代文殊信仰研究》，西北大学2002年硕士学位论文。

　　李辉：《汉译佛经宿曜术研究》，上海交通大学2011年博士学位论文。

四、图册

　　敦煌研究院编：《中国石窟·安西榆林窟》，文物出版社，1997年。

　　敦煌研究院编：《中国石窟·敦煌莫高窟》，文物出版社、日本平凡社，1987年。

　　宁夏文物考古研究所：《拜寺沟西夏方塔》，文物出版社，2005年。

　　西夏博物馆编：《西夏艺术》，宁夏人民出版社，2003年。

　　段文杰主编：《中国敦煌壁画全集·西夏元》，天津人民美术出版社，1996年。

　　段文杰主编：《中国敦煌壁画全集·敦煌　麦积山　炳灵寺》，天津人民美术出版社，1996年。

　　雷润泽、于存海、何继英：《西夏佛塔》，文物出版社，1995年。

　　张宝玺：《甘肃石窟艺术壁画编》，甘肃人民美术出版社1996年。

　　山西省古建筑保护研究所：《佛宫寺和崇福寺辽金壁画》，文物出版社1983年。

　　山西省古建筑保护研究所：《开元寺宋代壁画》，文物出版社，1983年。

　　山西省古建筑保护研究所：《岩山寺金代壁画》，文物出版社，1983年。

　　林树中：《海外遗珍·中国佛教绘画》，湖南美术出版社，2001年。

　　中国历史博物馆、内蒙古自治区文化厅：《契丹王朝》，中国藏学出版社，2002年。

五、工具书类

［日］高楠顺次郎等辑：《大正新修大藏经》，大正一切经刊行会，1960年。

童玮编：《二十二种大藏经通检》，中华书局，1997年。

丁福保编：《佛学大辞典》，中国书店，2011年。

季羡林主编：《敦煌学大辞典》，上海辞书出版社，1998年。

韩荫晟编：《党项与西夏资料汇编》，宁夏人民出版社，1983年。

后　记

　　时光飞逝，一眨眼博士毕业已经十多年了。在这十多年中，虽然所担任的教学科研工作与西夏研究相去甚远，但对西夏学术研究的关注一直未曾中断，每每深切感受到西夏研究日新月异的新态势。但在西夏经变画研究方面，虽有数量不菲的新论文，仍未有纵横贯穿的专题论著出现。由此也激励我紧跟当前西夏研究步伐，结合最新学界研究成果，逐步将十多年前的博士毕业论文《西夏晚期七大经变画探析》，不断增补修改、丰富完善成《西夏经变画艺术研究》。

　　对西夏艺术的关注，源于我生于西夏故地——宁夏的乡土情结。中学阶段我曾跟随宁夏陶乐县中学及县文化馆的徐晓平、李跃春两位老师学了六年的绘画；本硕阶段在宁夏大学前后研习了七年中国文学，硕导张迎胜教授是宁夏大学西夏研究院的前身即西夏研究所的创办人之一，曾出版《西夏文化概论》、《西夏人的精神世界》等专著；在首都师范大学攻读博士学位期间，我从古典文学转回美术史专业，师从李福顺先生研究美术学，导师结合我的学习经历和当时西夏美术研究的情况，建议我将研究方向定位在西夏佛教美术方面。为此，在读期间导师为我多方联系西夏学方面的专家学者进行求教，由此我拜访了著名的西夏学专家、宁夏社会科学研究院的李范文先生，李先生除了将自己在台湾讲学获赠的美术图册借给我看外，还将一些西夏方面的书籍赠送给我；在聆听首都师范大学书法所欧阳中石先生的讲课时，当他得知我攻读西夏美术，毅然赠送我一本《夏汉大字典》；中国社科院民族所的谢继胜研究员除了对我论文进行关心和指导外，还将他的《西夏藏传绘画——黑水城出土的唐卡研究》赠送给我；时就职于宁夏大学西夏研究所的韩小忙博士，除了慷慨大方地打开自己的书柜供我自由借阅外，还将他与人合著的《西夏美术史》赠送给我一本。此外，博士毕业后工作的这十多年中，在首都师范大学美术学院吴明娣教授的敦促和建议下，我又陆续参加了多届西藏与西夏学术会议，与众多学术同行有了密切的交往，于了解西夏研究最新动态、拓展研究视野等方面受益匪浅。在此，一并表示深深的感谢和敬意。

　　西夏王朝留给历史及后人的是一部丰富的文化史，《西夏经变画艺术研究》只是探索了其中的一角，虽然力争全书从整体与局部、从图像到信仰、从艺术到风格等方面，进行多方位的梳理和探讨，但在具体的西夏经变艺术源流成因、风格技法、匠师画家、题材粉本等论题上，仍有诸多不足和缺漏，期待相关专家学者给与批评和指正，期盼未来更多新出的研究能予以完善和提升。